Dan Fog

KOMPOSITIONEN
von

Fridr Kuhlau

Thematisch-bibliographischer Katalog

DAN FOG MUSIKVERLAG
Kopenhagen
1977

UELZEN

der Geburtstadt

Fr. Kuhlaus

zugeeignet

I N H A L T

E I N L E I T U N G

Seit nahezu anderthalb Jahrhundert ist der Name Kuhlau überall in der musikalischen Welt ein Begriff. Besonders seine Klaviersonatinen und seine Flötenmusik sind allgemeines Kulturgut. Und doch ist die Literatur über ihn äusserst sparsam. Grundlegend bleibt Carl Thrane's Biographie in 'Danske Komponister' (Kopenhagen 1875), die 1886 in Leipzig in deutscher Übersetzung erschien. Die darin enthaltene Werkübersicht ist offenbar die Quelle späterer Werkverzeichnisse. Verdienstvoll wie sie ist, scheint sie doch nach dem heutigen Stand der Musikforschung unzulänglich.

Daniel FRIEDRICH Rudolph Kuhlau wurde am 11. September 1786 in der Stadt Uelzen auf der Lüneburger Heide geboren. 1810 kam er nach Kopenhagen, wo er bis seinen Tod am 12. März 1832 lebte.

Im ersten Drittel des 19. Jahrhunderts schuf Kuhlau eine nicht nur ganz umfassende, sondern auch sehr gewichtige Produktion. Gewisse Werke haben sich ständig erhalten, viele andere sind in neuerer Zeit wiederentdeckt. Heute wird ihm in steigendem Umfang die volle Anerkennung als bedeutungsvolle Gestalt in der musikalischen Entwicklung zugemessen.

Seine Bedeutung findet wohl auf den folgenden Gebieten besonderen Ausdruck:

Klaviermusik (zu 2 und zu 4 Händen): Die Sonatinen nehmen ohnehin in der Musikliteratur eine zentrale Stellung ein. W. Behrend berichtet: "Es kann angeführt werden, dass Richard Wagner der ersten Musikunterricht seines Sohnes Siegfried die Sonatinen Kuhlaus zu Grunde legte". Die übergrosse Anzahl der Ausgaben hiervon ist ein klarer Ausdruck ihrer weltumspannenden Bedeutung. Hierzu kommen aber auch seine ganz wichtigen Sonaten in grösserer Form, das sprudelnde Klavierkonzert, Variationen, Rondos, Divertissements etc., die das Musikleben seiner Zeit in schönster Form abspiegeln.

Flötenmusik: Kuhlau ist 'der Beethoven der Flöte' genannt worden. Seine Werke auf diesem Feld haben ständig einen vorbildlichen Platz in der Flötenliteratur eingenommen und gehören zur Kernliteratur eines jeden Flötisten. Charakteristisch für die Entwicklung ist die in den letzteren Jahren von Jean-Pierre Rampal durchgeführte Neuausgabe.

Dramatische Musik: Kuhlaus Opern bilden in der Musikgeschichte eine interessante musikdramatische Entwicklungsstufe, und sie zeigen uns ihn als Opernkomponist von seltener Schaffungskraft und Individualität. In den häufiger aufgeführten Ouverturen entfaltet sich seine Instrumentationskunst. Mit seinem Opus 100 'Elverhøj' (Erlenhügel) schuf er die dänische Nationalmusik. Kein anderes Werk hat in seiner Wahlheimat Kopenhagen so viel Aufführungen erlebt.

Lieder und Gesänge: Die umfassende Produktion auf diesem Gebiet zeigt eine interessante Entwicklung von den frühen einfachen Liedern - 'im Volkston' wie bei J. A. P. Schulz - bis zum durchkomponierten Kunstgesang, - eine Abspiegelung der Vokalkunst seiner Zeit. Auch seine Gesänge für Männerchor gewannen eine ganz weite Verbreitung.

Kanons: Seine überlegene Kanonkunst ist öfters beschrieben. Wie uns Seyfried berichtet, nannte ihn Beethoven 'den grossen Canonier'. Ausgeklügelt und raffiniert zeugen sie von seiner aussergewöhnlichen theoretisch fundierten Schaffenskraft, wie auch die beiden 'al rovescio'-Stücke (Nr. 200-201) und sein Kaleidakustikon (Nr. 215). Im September 1819 besuchte ihn W. A. Mozart (Sohn), und der schrieb in sein Tagebuch: 'Er ist ein grosser Freund musikalischer Künsteleien, die gewiss, wenn sie nichts als das sind, den Werth dieser edlen Kunst verfehlen. So beschäftigt er sich sehr mit allen möglichen Arten von Rätsel-Canons, deren er eine Menge komponiert, und auch ganz neue Arten erfunden hat. Dass er also sehr viel Theorie besitzen muss, davon ist dies wohl ein Beweis', (nach Walter Hummel: W. A. Mozarts Söhne, Kassel 1956, S. 86)

Volkslieder: Früh schon verwendete Kuhlau in seinen Werken die Volkslieder. Sein tiefliegendes Einfühlungsvermögen und sein Verständnis für diesen Schatz erhalten in seiner Kunst einen vorzüglichen Ausdruck. Die sublimste Ausformung ist wohl in der Elverhøj-Musik zu finden.

Das kompositorische Schaffen Kuhlaus im angehenden 19. Jahrhundert bietet wohl ein bisher zu wenig beachtetes Studienmaterial zur Entwicklung dieser Periode.

Zum Lebenslauf Kuhlaus muss bis jetzt noch auf Carl Thrane's oben erwähnter Biographie verwiesen werden. Sie ist dann auch vor Kurzem in Reprint erschienen. Folgende Daten können doch nützlich sein:

Fr. Kuhlau ist geboren zu Uelzen am 11. September 1786 als Sohn des Hoboisten Johann Carl Kuhlau (1747-1830); um 1795 zieht die Familie nach Lüneburg. Um 1796 verlor der Junge durch einen Fall auf der Strasse das rechte Auge; einen herzergreifenden Bericht darüber hat Thrane S. 3, - (dänisch S. 72 ff). 1800 war er Schüler der Lateinschule Christianeum in der Stadt Altona, die ja bis 1864 unter der dänischen Krone gehörte. 1802 ist die Familie in Braunschweig und kurz danach - vermutlich noch im selben Jahr - in Hamburg. Hier erhält er Musikunterricht von C. F. G. Schwencke, der als Musikdirektor C. Ph. Em. Bach abgelöst hatte. Ende 1810 floh er - angeblich wegen der französischen Besatzung der Stadt - nach Kopenhagen, wo er am 23. Januar 1811 sein erstes Konzert gab. Am 20. Februar 1813 erhielt er den Titel Kgl. Kammermusicus, und am 3. März 1813 wurde er dänischer Staatsbürger. 1816-17 hatte er eine provisorische Anstellung als Singemeister am Kgl. Theater. Am 25. April 1818 wurde er Kgl. Kammermusicus mit Gage! Den Professortitel erhielt er am 1. November 1828.

Im Frühling 1815 unternahm er eine Konzertreise nach Stockholm und 1816 nach Hamburg. 1821 folgte die erste grosse Reise nach Deutschland und Wien; die zweite fand 1825 statt, bei welcher Gelegenheit er mit Beethoven zusammen traf. Seine letzte Reise ging im Sommer 1829 nach Berlin und Leipzig.

Kuhlau blieb unverheiratet. Seit 1814 wohnten seine Eltern bei ihm. 1826 siedelte er nach Lyngby über, 10 Km vom Zentrum und heute ein Vorort von Kopenhagen. Dort brannte am 5. Februar 1831 sein Haus nieder, und zahlreiche Manuskripte gingen verloren. Er starb am 12. März 1832 in Kopenhagen, und wurde am 18. März von der deutschen St. Petri Kirche begraben. Endlich am 12. März 1833 wurde er in das heute noch bewahrte Grab auf dem Assistenz-Kirchhofe beigesetzt.

Er verkehrte bei vielen Familien und war mit seiner schüchternen Natur ein gern gesehener Gast. Er war ein vortrefflicher Klavierspieler und ein sehr fleissiger Komponist, der gerne in guter Gesellschaft mitredete, - während er ungestört weiterkomponieren konnte. Er war ein wohl fundierter Theoretiker und als Lehrer gesucht. Seine Vorliebe für die Flöte ist

bekannt, wahrscheinlich verdanken wir seine umfassende Produktion auf
diesem Gebiet der Tatsache, dass die Flöte Modeinstrument war, so dass
er für solche Werke leichter einen Verleger fand. Es ist öfters erwähnt,
dass er ein bedeutender Flötist sei. In einem Brief aus dem Jahr 1813
sagt er aber "Ich spiele dieses Instrument nur ein wenig; aber ich kenne
es genau", - und 1829 schribt er "... und ich kann doch nicht den klein-
sten Griff auf der Flöte machen" (cf. Thrane S. 44, dänisch S. 130 f.)

Ein schwedischer Musiker Fredrik Kuhlau (1849-1905) ist der Komponist verschiedener Werke, die gelegentlich zu Verwechslungen geführt
haben.

Die K-Nummern im Kuhlau-Werkverzeichnis 1959

sind in der Katalog-Ordnung:

K 1	= Nr. 129	K 25	= Nr. 211	K 45	= Nr. 149		
K 2	= Nr. 192	K 26	= Nr. 212	K 46	= Nr. 158		
K 4	= Op. 24	K 27	= Nr. 229	K 47	= Op. 19		
K 5	= Nr. 228	K 28	= Nr. 230	K 48	= Nr. 153		
K 6	= Nr. 129	K 29	= Nr. 208	K 49	= Nr. 137		
K 7	= Op. 116	K 30	= Nr. 218	K 50	= Op. 82		
K 8	= Op. 127	K 31	= Nr. 131	K 51	= Op. 72b		
K 11	= Nr. 196	K 32	= Nr. 164	K 52	= Nr. 161		
K 12	= Nr. 200	K 33	= Nr. 128	K 53	= Op. 19		
K 13-14	= Nr. 206	K 34	= Nr. 129	K 54	= Nr. 145		
K 15	= Nr. 138	K 35	= Nr. 129	K 55	= Nr. 162		
K 16	= Nr. 207	K 36	= Nr. 140	K 56	= Op. 72b		
K 17	= Nr. 209	K 37	= Nr. 139	K 57	= Nr. 160		
K 18	= Nr. 205	K 38	= Nr. 157	K 58	= Nr. 156		
K 19	= Nr. 209	K 39	= Nr. 183	K 59	= Nr. 151		
K 20	= Nr. 138	K 40	= Nr. 171	K 60	= Nr. 151		
K 21	= Nr. 205	K 41	= Nr. 180	K 61	= Op. 19		
K 22	= Nr. 213	K 42	= Nr. 178	K 62	= Nr. 137		
K 23	= Nr. 210/5	K 43	= Nr. 179	K 63	= Nr. 137		
K 24	= Nr. 216	K 44	= Nr. 181	K 64	= Nr. 215		

VORWORT ZUM KATALOG

Mit dem vorliegenden Katalog wird ein Gesamtverzeichnis der Werke von
Fr. Kuhlau angestrebt. Mehr als zwanzig Jahre hat die Ausarbeitung gedau-
ert, teilweise weil der Katalog auf Material erster Hand basiert ist. Als
eine Präliminärarbeit veröffentlichte ich 1959 ein kleines, stenziliertes
Werkverzeichnis; die darin vorkommenden K-Nummern sind, da sie gelegentlich zitiert wurden, hier mit den jetzigen Nummern aufgestellt.

Nach Opus 1 bis 127 verzeichnet der Katalog die Werke ohne Opuszahl.
Einfachkeitshalber wurden sie als Nr. 128 bis 233 bezeichnet, - diese
sind also keine Opuszahlen! Die Aufstellung dieser Werke wurde systema-
tisch durchgeführt.

Die Beschreibung der einzelnen Werke umfasst:
Opuszahl, bezw. Nummer mit Kurztitel und Besetzung
Kompositionszeit, - die aber nicht immer nachzuweisen ist. Ganz oft
   liegt sie kurz vor der Ersterscheinung
Erstaufführung, - dies gilt hauptsächlich grösseren Werken
Musikalische Incipits
Verbleib des Manuskripts; wenige Kuhlau-Handschriften sind erhalten,
   viele sind durch die Hände der Verleger irgendwohin geraten, und
   andere sind durch den Brand in seinem Heim 1831 zerstört worden
Erstausgabe, die ausführlich beschrieben wird unter Angabe von Plat-
   ten/Verlagsnummer und Datierung
Etwaige Parallelausgaben
Themaauflösungen; im möglichen Umfang sind die behandelten Themen
   identifiziert worden
Titelauflagen, d. h. Umdrucke der Erstausgaben mit gelegentlichen Ab-
   änderungen auf der Titelseite, z. B. mit geändertem Verlagsnamen
Neuausgaben, die sporadisch angeführt sind. Auf eine umfassende Re-
   gistrierung der oft recht vielen Neuausgaben wurde verzichtet. Das-
   selbe gilt
Bearbeitungen, die unsystematisch aufgenommen wurden
Noten redaktioneller Art zur Beleuchtung des Werkes
Endlich wird bei den Gesängen auf die Sammelausgabe 'Romancer og
   Sange' (im Text R & S gekürzt) verwiesen

Die Originalverleger gehen aus der Beschreibung der Erstausgaben her-
vor. Zur Klärung des Begriffes Verlagsnachfolger, der öfters vorkommt,
muss ich auf die einschlägige Literatur verweisen. Hier soll nur kurz der
Verlauf des Verlages C. C. Lose, Kopenhagen, dargestellt werden. Lose war
der dänische Hauptverleger Kuhlaus und firmierte 1802-35 C. C. Lose,
von 1835 bis 1845 C. C. Lose & Olsen, von 1846 bis 1864 C. C. Lose & Delbanco, 1865-1871 wieder C. C. Lose, und 1871-1879 C. C. Lose (F.Borchorst)
Im Juni 1879 wurde der Verlag von Wilhelm Hansen übernommen.

Eine nicht geringe Anzahl der Werke wurde erst in Dänemark in Sub-
skriptionsreihen, d. h. in periodischen musikalischen Publikationen ver-
öffentlicht, um dann in der Regel als selbständige Ausgaben zu erscheinen.
Der Katalog verweist auf folgende dänische Periodica, alle bei C. C. Lose
erschienen:
Nye Apollo, Jahrgang 1-12, 1813-1827
Musikalsk Theater Journal, Jahrgang 1-14, 1817-1841
Odeon, Jahrgang 1-7, 1827-1834.

Ausführlichen Bericht über Inhalt und Gestaltung dieser wichtigen Reihen bringt erstmalig folgendes Werk: Jørgen Poul Erichsen: Indeks til danske periodiske Musikpublikationer 1795-1841. Aarhus, Statsbiblioteket, 1975 (mit deutscher Zusammenfassung).

Eine Anzahl Titel sind als verschollen angeführt. Der Vollständigkeit halber habe ich Werke registriert, die mir nicht auffindbar waren. Sie sind entweder verlorengegangen oder auch nur aus Verlagskatalogen bekannt. In gewissen Fällen scheint es denkbar, dass es sich um Vorankündigungen handelt, die von Ausgaben nicht gefolgt wurden.

Auch in diesen Fällen gilt es, dass mir Berichtigungen und Hinzufügungen willkommen sein werden. Es ist meine Hoffnung, dass der Katalog trotz Fehler und menschlicher Unzulänglichkeit durch Mitarbeit der Benutzer zu einer zuverlässlichen Übersicht über Kuhlaus Schaffen beitragen wird. Für alle freundliche Mitarbeit spreche ich im voraus meinen Dank aus.

Natürlich wäre es gewesen den Katalog in dänischer Sprache heraus zu bringen. Kuhlau war ein geborener Deutscher, sein Schaffen fiel aber von seinem 24. Lebensjahr bis zu seinem Tod im Alter von nur 45 Jahren in Dänemark, und er erwarb sich in dänischer Musik einen vornehmen Platz. Aus praktischen Gründen wurde die Arbeit in deutscher Sprache ausgefertigt, wodurch sie einem weiteren Kreis zugänglich sein dürfte.

Wertvolle Auskunft für meine Arbeit fand ich in den Werken von J.-L. Beimfohr in Hamburg, Karl Graupner in Wuppertal, und Niels Martin Jensen in Kopenhagen. Im übrigen verweise ich auf die Liste benutzter Literatur auf den letzten Seiten des Katalogs. Besondere Hilfe bot mir die reichhaltige Sammlung von Aufzeichnungen zu dänischer Musikgeschichte des Forschers S. A. E. Hagen, die sich in der Kgl. Bibliothek zu Kopenhagen befindet.

Viele Kuhlau-Werke sind heute schwer auffindbar. Die umfassendsten Sammlungen befinden sich in Dänemark in der Kgl. Bibliothek, Kopenhagen, in der Statsbiblioteket zu Aarhus und in der Städtischen Musikbibliothek zu Lyngby, - und in den USA in Sibley Music Library, Rochester, New York.

Diesen und zahlreichen weiteren Institutionen sowie ihren Mitarbeitern im In- und Ausland bin ich für wertvolle und bereitwillige Hilfe in der Arbeit zu Dank verpflichtet. Unter den zahlreichen Freunden, die mir mit Rat und Geduld zur Durchführung geholfen haben, danke ich besonders: Frau Eva-Brit Fanger, M.A., der Musikabteilung der Kgl. Bibliothek, Kopenhagen, Jørgen Poul Erichsen, M.A., der Statsbiblioteket, Aarhus, und Dr. Ruth Watanabe, Rochester, New York. Für wertvolle und unermüdliche Beihilfe danke ich meinem alten Freund und Lehrer Dr. Søren Sørensen. Für Beistand besonders mit den Incipits und speziellen Fragen bin ich Martin Silver in Santa Barbara, Kalifornien, sehr dankbar. Einen besonderen Dank meiner Frau Lene Fog für unermüdliche Mitarbeit - und Geduld. Und endlich bin ich Uelzen, der Geburtstadt Kuhlaus, für Anregung und Inspiration grossen Dank schuldig. Für bereitwillige Ermöglichung der Drucklegung soll hier auch dem Humanistischen Forschungsrat mein Dank ausgesprochen werden.

Dan Fog

S Y S T E M A T I S C H E S   W E R K V E R Z E I C H N I S

I: I N S T R U M E N T A L M U S I K

1: F ü r   K l a v i e r

Z u   2   H ä n d e n

a) Sonaten und Sonatinen
b) Variationen
c) Rondos
d) Märsche und Tänze
e) Sonstiges

Z u   4   H ä n d e n

a) Sonaten und Sonatinen
b) Variationen
c) Rondos
d) Tänze
e) Sonstiges

2: F l ö t e n m u s i k

a) Flöte solo
b) Flöte und Klavier
c) 2 bis 4 Flöten
d) Sonstiges

3: K a m m e r m u s i k

4: F ü r   O r c h e s t e r

a) Ohne Soloinstrumente
b) Mit Soloinstrumenten

I I : V O K A L M U S I K

a) Gesang und Klavier
b) Duette mit Klavier
c) Für mehrere Stimmen a cappella
d) Für mehrere Stimmen mit Begleitung

I I I : D R A M A T I S C H E   M U S I K

I V : K A N O N S

V : L I T E R A R I S C H E S

14

I I : V O K A L M U S I K

I I I : D R A M A T I S C H E   M U S I K

I V : K A N O N S

V : L I T E R A R I S C H E S

Op. 1-3: 3 RONDOS FÜR KLAVIER. In C, a, F
   Komp. ca. 1809. Erstausgabe 1810-14

Erstausgabe: Tre Rondo / per il / Fortepiano / composti, ed
umilmente dedicati / alla Signora Contessa de Walmoden Gim-
born / da / Frederico Kuhlau. / Op. I № 1 [-3]. / Prezzo 12
gr. - in Lipsia, presso Frederico Hofmeister.
- 3 Hefte. Plnr. 126, 179, 276 [Mai 1810-Mai 1814] 12, 10, 10
S. Querfolio. Stich.

   Titelauflagen, in Separatausgaben und in einem Heft, Hofmeister.

Op. 4: KLAVIERSONATE IN ES DUR
   Komp. ca. 1810. Erstausgabe 1810

Erstausgabe: Sonate / Pour le Piano=Forte / composée et dé-
diée / à son ami J. P. Schäffer / Par / Frédr. Kuhlau. / Chez
Breitkopf & Härtel à Leipsic. / Pr. 1 Rthlr.
- Plnr. 1576 [1810]. 27 S. Querfolio. Lithographie.

   Angezeigt in AmZ, Intelligenzblatt XIV, Dec. 1810.

Op. 5a: KLAVIERSONATE IN D MOLL

Komp. ca. 1811-12. Erstausgabe 1812

Erstausgabe: Sonate / Pour le Pianoforte / composée et dédiée/
a son ami H. de Plötz / par / F. Kuhlau. / (Canon) / Oeuv. 5.
Pr. 1 Rthlr. / a Leipsic / Chez Breitkopf & Härtel.
- Plnr. 1734 [1812]. 23 S. Querfolio. Lithographie.
  Canon: Unter Kuhlaus Namen ein 7stimmiger Canon 'Ave Maria', auf ei-
  nem System notiert; cf. Nr. 173.
  Angezeigt in AmZ, Intelligenzblatt IV, April 1812. - Besprechung in
  AmZ Jhg. 15 Nr. 5, 3/2-1813, Sp. 79 f.

Op. 5b: 3 GESÄNGE MIT KLAVIER

Komp. vor 1806. Erstausgabe ca. 1806-07

AM GRABE DER GELIEBTEN

Erstausgabe: Drey Gesänge / mit Begleitung des Piano=Forte /
in Musik gesetzt und / dem Herrn Musikdirektor Schwenke gewidmet / von / F. Kuhlau. / Op. 5. / Altona / bei L. Rudolphus
- Ohne Plnr.[ca. 1806-07] 8 S. Querfolio. Stich.
Titelauflage: Hamburg, Cranz (um 1823). - Nicht in Romancer og Sange.

Op. 6a: 3 KLAVIERSONATEN. In a, D, F

Komp. ca. 1811. Erstausgabe ca. 1812

<u>Erstausgabe</u>: Trois / Grandes Sonates / pour le / Clavecin ou
Piano Forte / Composées & dediées / à M̃r̃ le Doct̃r̃ ṽt̃ H. Hüf-
fel / Par / F. Kuhlau. / Op: VI: / Hambourg chéz Geoffroi
Vollmer.
- Ohne Plnr. [ca. 1812] 47 S. Querfolio. Stich.
<u>Thema</u> des Variationssatzes in Nr. 3 ist Marsch der Priester aus Mo-
zarts 'Zauberflöte', KV 620 Nr. 9.
<u>Zur Opuszahl</u>: Die Titelseite liegt in zwei Varianten vor, eine ohne
Opuszahl, die andere mit 'Op: VI:' in die Zierlinie unter Kuhlaus
Namen eingefügt.
<u>Titelauflage</u>: Hamburg, Cranz (1822-23), angezeigt in AmZ , Intelli-
genzblatt IX, Dec. 1822 und Intelligenzblatt IV, Juni 1823, da mit
der Angabe 'neue Auflagen von Jugend-Arbeiten des Componisten'.
Kurze Besprechung dieser Auflage in AmZ Jhg. 25 Nr. 48, 26/11-1823.

Op. 6b: <u>SONATINE IN D DUR FÜR KLAVIER, VIOLINE AD. LIB.</u>

Komp. 1811-12. Erstausgabe 1812

<u>Erstausgabe</u>: Sonate / facile / Pour le Pianoforte / avec ac-
compagnement de Violon ad libitum / Par / Fred. Kuhlau. /
Oeuv. 6. Pr. 12 gr. à Leipsic / Chez Breitkopf & Härtel.
- Plnr. 1787 [1812] 11, 4 S. Querfolio. Lithographie.
Angezeigt in AmZ, Intelligenzblatt X, Aug. 1812. - Besprechung in
AmZ Jhg. 15 Nr. 27, 7/7-1813.
<u>Neuausgabe</u>: Breitkopf & Härtel, Plnr. 3005 (1819). - Paris, Farrenc
(vor 1831).
<u>Bearb</u>.: Flöte und Klavier "Recollections of Copenhagen", London,
Wessel; ed. J. Sedlatzek.

Op. 7: <u>KLAVIERKONZERT IN C DUR</u>

Komp. 1810. Erstaufführung: Kopenhagen 23/1-1811.
Erstausgabe 1812.

Erstausgabe, Solostimme: Concerto / pour le / Piano-Forte /
avec accompagnement / de l'Orchestre / composé et dédié / A
son Ami C. E. F. Weysse (!) / par / F. Kuhlau. / Oeuvre 7 NǪ
1. / Pr. 2 Rthlr. 12 gr. / Chez Breitkopf & Härtel à Leipsic.
- Plnr. 1696 [1812]. 34 S. Folio. Stich.
Erstausgabe, Orchesterstimmen: Titelseite und Plnr. wie oben
16 Stimmen: Violino primo, Violino secundo, Viola, Violoncell
und Contrabass. Flauto, Oboe I-II, Clarinetto I-II, Fagotto
I-II. Corno I-II, Tromba I-II, Timpani.

    Angezeigt in AmZ, Intelligenzblatt III, März 1813.

Neuausgabe, erste Partiturausgabe: Dédié à C. E. F. Weyse.
Fr. Kuhlau. Concerto Pour le Pianoforte avec accompagnement
de l'orchestre. Oeuvre 7. Partition. [Kph.] Samfundet til Ud-
givelse af dansk Musik. 3. Serie Nr. 129. 1958. Titel, 202 S.
Folio.
    Revision der Orchesterstimmen besorgte E. Eckart-Hansen, der auch
    die Partiturausgabe und folgenden Klavierauszug verfertigte.
Neuausgabe, Klavierauszug: ... ... Klavierauszug für zwei
Klaviere, in Partitur gedruckt. Samfundet .., 3. Serie Nr.136.
1961. 91 S. Folio.

Op. 8a: KLAVIERSONATE IN A MOLL
    Komp. ca. 1812. Erstausgabe 1814.

Erstausgabe: Grande Sonate / pour le / Piano-Forte / composée
et dédiée / à Madame la Comtesse de Münster-Meinhövel, / par /
Frédéric Kuhlau. / Chez Breitkopf & Härtel / à Leipsic. /
(Canon) / Oeuv. 8. Pr. 1 Rthlr.
- Plnr. 1977 [1814]. 31 S. Querfolio. Lithographie.
Canon: Unter der Verlagsangabe ein 'Canon a 2 voci'; früher gedruckt
im AmZ Jhg. 15 Nr. 2, 13/1-1813, Sp. 40. Cf. Nr. 174.
Angezeigt in AmZ, Intelligenzblatt III, Mai 1814. - Besprechung in
AmZ Jhg. 17 Nr. 11, 15/3-1815 Sp. 179 ff.

Op. 8b: SONATE IN F DUR FÜR KLAVIER ZU 4 HÄNDEN

Komp. ca. 1810. Erstausgabe 1810

Erstausgabe: Sonate / à 4 mains / pour le / Forte-Piano / Com-
posée / par / Frédéric Kuhlau / Oeuvre 8. / Hambourg / Chés
Jean Auguste Böhme.
Plnr. K. 8. [1810]. 11 S. Querfolio. Stich.

Angezeigt in AmZ, Intelligenzblatt XIII, Dec. 1810.
Titelauflage: Hamburg, Böhme.

Op. 9: 6 CANZONI MIT KLAVIER

Komp. ca. 1813. Erstausgabe 1814

Mi la - gne - ro ta - cen - do
Tavs, men med bru-stent Hjer - te

Po - ve - ro cor, tu   pal - pi - ti
Hjer -te, du ban-ker   saa æng-ste-ligt

Erstausgabe: Sei Canzoni / con accompagnamente del Pianoforte
/ composti e dedicati / alla Signorina Adelaide Brun / da /
Federigo Kuhlau. / Oeuv. 9. Pr. 18 Gr. / in Lipsia Presso
Breitkopf & Härtel.
- Plnr. 1976 [1814]. 17 S. Querfolio. Lithographie.

Angezeigt in AmZ, Intelligenzblatt III, Mai 1814. - Besprechung in
AmZ, Jhg. 16 Nr. 46, 16/11-1814, Sp. 780.
Note: Am Anfang von Nr. I die Angaben 'Voce' und 'Clavicembalo'
Neuausgabe: In Romancer og Sange (cf. Nr. 232), Bd. II S. 37-56,
auch als Einzeldrucken daraus erschienen. Die angeführten dänischen
Übersetzungen entstammen dieser Ausgabe.

Op. 10a: 3 DUOS FÜR 2 FLÖTEN. In e, D, G

Komp. ca. 1813. Erstausgabe 1814

TEMA CON VARIAZIONI

RONDO

Duo 3

RONDO

Erstausgabe: Trois / Duos Concertans / pour deux Flûtes / dédiés / à son ami G. D. de Lorichs, / Gentilhomme de la Chambre de S. M. le Roi de Suède. / par / F. Kuhlau. / Oeuv. 10. Pr. 1 Rthlr. 8 gr. / à Leipsic / Chez Breitkopf & Härtel. - Plnr. 1975 [1814]. 2 Stimmbände 19, 16 S. Folio. Lithographie.

Angezeigt in AmZ, Intelligenzblatt III, Mai 1814. - Besprechung in AmZ Jhg. 16 Nr. 30, 27/7-1814, Sp. 508.

Neuausgaben: Wien, Mollo (vor 1828). Paris, Farrenc (vor 1830) und Nachfolger. Braunschweig, Litolff (1875). Lpz. Peters (1878). New York, Carl Fischer. IMC. Boston, Cundy Bettoney. Milano, Ricordi.

Op. 10b: 12 VARIATIONS ET SOLOS, FÜR FLÖTE SOLO

Komp. vor 1810. Erstausgabe um 1810

FEMMES VOULEZ VOUS EPROUVER

1

LASSET FRIEDEN UNS STIFTEN ETC:

2

CAPRICCIO

3

MICH FLIEHEN ALLE FREUDEN ETC:

4

ES KANN SCHON NICHT ALLES SO BLEIBEN
Allegretto

RONDO
Allegro

IN DES WALDES DÜSTERN GRÜNDEN
Allegretto

CAPRICCIO
Allegro

WAS IST DER MENSCH
Andante

ON NE SAURAIT TROP EMBELLIR:
RONDEAU D'UNE FOLIE
Allegro

Allegro assai

CAPRICIO
Allegretto con molto espress.

Erstausgabe: Variations / et / Solos / Pour la Flute seule /
Composés par / F. Kuhlau. / Op: 10. N⁰ [1-12, hds.] / Altona /
Chêz Louis Rudolphus. / à Hambourg chêz M. Hardieck. / Prix
8 Schl: /
- Ohne Plnr. [um 1810] 12 Hefte, 29 S. Folio. Stich. - Die 12
Hefte sind fortlaufend paginiert, indem nur die Notenseiten
gezählt wurden.

    Titelauflagen: a) Hambourg chez Rudolphus. Altona chez Cranz. - b)
'Variations et Caprices' .. Hambourg chez A. Cranz. Mit den Platten
der Erstausgabe gedruckt, doch in leicht geänderter Reihenfolge.
Diese Ausgabe ist angezeigt in AmZ, Intelligenzblatt IV, Juni 1823,
unter "neue Auflagen von Jugend-Arbeiten des Componisten".

    Neuausgaben: Hamburg, Cranz 'Nouvelle Edition' (um 1835). Paris,
Richault. London, Hill & Son.

26

Teilausgaben: Six Thèmes variés Pour la Flûte ... Copenhague chez
C: C: Lose (um 1816) 14 S. Lithogr. . Enthält Nr. 1, 2, 5, 9, 7, 4.
- Six Capriccios For the Flute .. Op. 10. London, R. Cocks & Co.
Plnr. 4271 (c. 1840). 14 S.

Op. 11a: 10 DEUTSCHE LIEDER MIT KLAVIER

Komp. 1813. Erstausgabe 1814

DAS GRAB

Salis

EINLADUNG INS THAL LA CAVA

Friderike Brun, geb. Münter

LIED UM REGEN

Claudius

STIMME AUS DEM GRABE

SCHLACHTGESANG

K. Mastalier

ALADDIN AUF DEM GRABE SEINER MUTTER

A. Oehlenschläger

DER ENGEL DER UNSCHULD

Wer stil - let die Schmer - zen
Hvem stand - ser hos Bar - net
Schreiber

FREMDLINGS ABENDLIED (In drey Tönen)

Ich kom - me vom Ge - bir - ge her,
Fra Fjel - dets hoj - e Top jeg gaar
Werner

ZARTES HERZ

Zar - tes Herz, tie - fer Schmerz
Hjer - te - sorg, tun - ge Sorg
Schreiber

AUF EIN LAUTENBAND

Ich möch - te I - da's Lau - te seyn
O var jeg I - das Luth
F. Kind

Erstausgabe: 10 / Deutsche Lieder / mit Begleitung des Pianoforte / in Musik gesetzt / und der / Frau Amtmännin Johannsen
/ geb: Fräulein Petersen / ergebenst zugeeignet / von / Friedr.
Kuhlau. / 11tes Werk. Preis 18 gr. / à Leipsic / Chez Breitkopf & Härtel.
- Plnr. 1869 [1814]. 22 S. Querfolio. Notenseiten in Typendruck, Titelseite lithographisch.

Angezeigt in AmZ, Intelligenzblatt III, Mai 1814. - Recension in AmZ
Jhg. 16 Nr. 23, 8/6-1814, Sp. 388 ff.
Vorabdruck von Nr. 8 in AmZ Jhg. 14 Nr. 51, 16/12-1812, Beilage No.
VI.
Neuausgaben: In Romancer og Sange (cf. Nr. 232) Bd. I. Nr. 1 S. 40.
Nr. 2 S. 46. Nr. 3 S. 34. Nr. 4 S. 36. Nr. 5 S. 32. Nr. 6 S. 38.
Nr. 7 S. 48. Nr. 8 S. 43. Nr. 9 S. 44. Nr. 10 S. 31. - Diese Ausgabe
erschien auch in Einzeldrucken. Die angeführten dänischen Übersetz-
ungen entstammen dieser Ausgabe.
- Nr. 6 in 'Musikalsk Museum' Jhg. 13 Heft 12. Kopenhagen 1859.
Note: Nr. 6: cf. Musik zu 'Aladdin', Nr. 131.

Op. 11b: DIE ORAKELGLOCKE. Für Gesang und Klavier

Komp. ca. 1810. Erstausgabe 1810

Ein Bau - er - mäd - chen, hieß Bri - git - te
Bri - git - te hed en Bon - de - pi - ge
E. A. Tiedge

Erstausgabe: Die / Orakelglocke / von / E. A. Tiedge / in /
Musik gesetzt / für's / Forte-Piano / von / Fr: Kuhlau. / Op:
11. / Hamburg / Bey Iohann August Böhme.
- Ohne Plnr. [1810] 9 S. Querfolio. Stich.

Neuausgabe: In Romancer og Sange (cf. Nr. 232) Bd. I, S. 76; auch
als Einzeldruck erschienen. Die dänische Übersetzung rührt von dieser Ausgabe her.

Op. 12: 7 VARIATIONEN FÜR KLAVIER über 'Guide mes pas' von
Cherubini.

Komp. um 1814. Erstausgabe 1815

Erstausgabe: Variations pour le Pianoforte / sur l'air: /
"Guide mes pas o providence" / de l'Opéra: / les deux Jour-
nées / composées et dédiées / A son Ami George Gerson / par /
F. Kuhlau. / Oeuv. 12. Pr. 16 Gr. / Chez Breitkopf & Härtel
à Leipsic.
- Plnr. 2185 [1815]. 19 S. Querfolio. Lithographie.

Thema: Aus L. Cherubinis Oper 'Les deux Journées' (Der Wasserträger)
Arie Micheli's, 1. Akt Nr. 2, 'Ha, segne Gottheit mein Bestreben'.
Angezeigt in AmZ, Intelligenzblatt VII, Oct. 1815. - Besprechung in
AmZ Jhg. 18 Nr. 7, 14/2-1816, Sp. 111 f.
Neuausgabe: Kph., Lose & Olsen 'Second Edition' (vor 1845)

Op. 13: 3 TRIOS FÜR 3 FLÖTEN. In D, g, F

Komp. um 1814. Erstausgabe 1815

Erstausgabe: Trois / grands Trios / concertans / Pour trois
Flûtes / par / F. Kuhlau. / Oeuvre 13. Pr. 1 Rthlr. 12 gr. /
à Leipsic / Chez Breitkopf & Härtel
- Plnr. 2375 [1815]. 3 Stimmbände. 17, 12, 15 S. Folio. Lithographie.

Angezeigt in AmZ, Intelligenzblatt IV, Mai 1816.
Neuausgaben: Paris, Farrenc (vor 1828) und Umdruck davon von Verlagsnachfolgern.
Bearbeitung: Für 2 Flöten, op. 13 bis. Paris, Costallat und Nachfolger.
Partitur, handschriftlich ausgefertigt, in Musikvidenskabeligt Institut, Universitetet, Aarhus.

Op. 14: 5 VARIATIONEN FÜR KLAVIER über 'Manden med Glas i
Haand'

Komp. ca. 1813. Erstausgabe 1813.

Erstdruck: In 'Nye Apollo', Jhg. 1, S. 25-29. [Okt. 1813]

Erstausgabe: Cinq Variations / sur un air national danois /
composes pour le Pianoforte / par / F: Kuhlau / Oeuvre 14. /
Copenhague chez C. C. Lose.
- Plnr. 3: H: [Dec. 1813] S, 25-29. Querfolio. Stich.
Kopftitel: Variationer over Arien "Manden med Glas i Haand"
af Fr: Kuhlau.- Separater Abdruck vom obigen Erstdruck.

30

Thema: Das variierte Lied entstammt einem Lustspiel von Alexandre
Duval 'La jeunesse d'Henri V', im December 1808 in Kopenhagen aufgeführt als 'Henrik den Femtes Ungdom'. Schon früh wurde das Lied
als Gesellschaftslied sehr beliebt, und es kommt öfters in Lieder-
büchern vor. - Die Melodie ist eine Variante von 'God Save the King'
und vorliegendes Opus ist wohl die Variationsreihe, die Kuhlau recht
oft in Konzerten spielte als Variationen über das englische Nationallied.

Neuausgabe: Lette Variationer over "Manden med Glas i Haand" . Kph.,
C.C.Lose (F.Borchorst), Plnr. 6485 (ca. 1875)

Das variierte Lied fand Aufnahme in 'Sang og Klang' ... samlede af
V. Faber og C. Møller. Musikken arr. af V. Kalhauge. 2. Bd. S. 53.
Kph. 1873.

Op. 15: 8 VARIATIONEN FÜR KLAVIER über 'God Dag, Rasmus Jansen med din Kofte'

Komp. ca. 1815. Erstausgabe 1816

Erstausgabe: Variations / Pour le Pianoforte / sur un ancien
air Norwégien: / "God Dag Rasmus Jansen me din Koste (!)" /
dédiées / A son ami C. Kornemann (!) / par / Frédéric Kuhlau.
/ Oeuv. 15. Pr. 8 Gr. / à Leipsic / Chez Breitkopf & Härtel.
- Plnr. 2310 [1816]. 11 S. Querfolio. Lithographie.

Angezeigt in AmZ, Intelligenzblatt IV, Mai 1816.
- Der Titel enthält zwei Druckfehler: 'Koste' statt 'Kofte', und
C. Kornemann statt C. Horneman, der um 1825 Kuhlaus Porträt als Pa-
stellgemälde schuf.
Thema: Das Volkslied wurde 1821 in P. Rasmussen und R. Nyerup's "Ud-
valg af Danske Viser ... med Melodier", Bd. 2, S. 127 als 'Rasmus
Jæns Bryllup' herausgegeben, mit Melodie (in abweichender Lesart)
Tafel XXVIII. Cf. auch A. P. Berggreen: Danske Folke-Sange og Melo-
dier, 2. Udg. S. 120.

Op. 16: 8 VARIATIONEN FÜR KLAVIER über 'Kong Christian stod'

Komp. ca. 1818. Erstausgabe 1819

Erstdruck: In 'Nye Apollo', Jhg. 4, Bd. 2, S. 38-47. 1819.

Erstausgabe: 8 Variationen / über ein dänisches Volkslied /
für's / Piano-Forte / componirt von / F: Kuhlau / Op. 16. /
Copenhagen bey C. C. Lose.

- Ohne Plnr [1819]. Titel, S. 38-47. Querfolio. Stich.
Kopftitel: Arie Kong Christian stod ved höjen Mast. med Variationer. - Separater Abdruck vom obigen Erstdruck.

Thema ist das dänische Königslied, dessen Ursprung noch im Dunkel
verhüllt ist. 1780 kommt es bei Johann Hartmann vor, in seinem Singspiel 'Fiskerne' (Die Fischer). Kuhlau gab der Melodie die endgültige Form als Schlusslied in 'Elverhøj' (op. 100). In op. 16 hat die
Melodie noch die ältere Form. In seinem Rondo 'Les Charmes de Copenhague' op. 92 aus 1828 finden wir die Melodie wieder, hier aber spie-
gelt sie die endgültige Version aus der Elverhøj-Musik ab.
Neuausgaben: Kph., C. C. Lose & Olsen, neue Ausgabe (1844). Kgl.
Hof-Musikhandel (1884).

Op. 17: SONATINE IN F DUR FÜR KLAVIER ZU 4 HÄNDEN

    Komp.   Erstausgabe Dec. 1818

Erstausgabe: Sonatine / à quatre mains / Pour le Pianoforte /
composée par / F. Kuhlau. / Oeuv: 17. / Copenhague chez C: C:
Lose.
- Ohne Plnr [Dec. 1818]. 11 S. Querfolio. Lithographie.

Neuausgaben: Hamburg, Cranz (vor 1830). 2d Edit. Lose & Olsen,
Titelauflage davon Lose & Delbanco, C.C.Lose (F.Borchorst).
Berlin, Carl Simon (1879). Schott (1881). Kph., Wilh. Hansen (H.
Germer) (1893)

Op. 18: 9 VARIATIONEN FÜR KLAVIER über "Willkommen, Purpur-
       schale, du!"

    Komp.   Erstausgabe 1819.

Erstausgabe: Variations / sur l'Air: / Willkommen, Purpur-
schale, du! etc: / de l'Opera: / Die Räuberburg / pour le /
Piano=Forte / composées et dediées / à son ami / Mr P. O.
Bröndsted. / par / F. Kuhlau. / Oeuv. 18. Pr. / Hambourg, /
chez Joh. Aug. Böhme.
- Ohne Plnr. [Jan. 1819]. 16 S. Querfolio. Lithographie.

Thema: Das Räuberlied, Nr. 11, aus Kuhlaus Oper "Die Räuberburg",
cf. Nr. 129.

Op. 19: 10 DEUTSCHE GESÄNGE MIT KLAVIER

Komp. ca. 1818. Erstausgabe 1819

REIZ UND WERTH DER LIEBE;
Gegenstück von: "Mir blühet kein Frühling."

1

p dolce

Mir blü - het der Früh - ling
Mig sen - der So - len

AN DIE ENTFERNTE

Mäßig langsam und sehnsüchtig

2

p.p

Wenn ein - sam auf ver - lass - nen Hö - hen
Naar paa mit Hjem - lands grøn - ne Hø - je

Albert Gr: Pappenheim

DICHTERLIED

Munter, doch nicht zu geschwind

3

f

marcato

Der Dich - ter liebt den gu - ten Wein
En Dig - ter el - sker, Vi - nen søed

Jens Baggesen

TRIOLETT. Kann auch als dreystimmiger Canon
gesungen werden

Etwas langsam

4

Le - ben oh - ne Lie - be
Ak, hvad er vel Li - vet

Carl Teuthold

AN DIE UNBEKANNTE

Gefühlvoll

5

Wenn mit ro - si - gem Flü - gel
Naar med rød-men-de Vin - ger

K: v: R:

LEIDEN. Parodisch nach Göthe

Mäßig langsam mit vielem Ausdruck

6

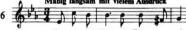

Wer nie sein Brot mit Thrä - nen aß
Hvo ej sit Brød med Taa - rer nød

Jens Baggesen

DIE ROSE

Im tie - fen Thal, im nie - dern Moo - se
Ved gam - le Borg i kol - de Mo - se
Nach Oehlenschläger von Sander

WIEGENLIED

Schla - fe, süs - ser En - gel, schlaf!
Sov, du sø - de En - gel, sov
W-n

DIE WÜNSCHE

Wär' ich doch ein mil der West
Gid jeg var en Mor gen - vind
Nach Ingemann von Sander

DER TODTENGRÄBER

Es steht der To - dten - grä - ber al - lein
I Maa - nens Skin den Gra - ver staar
Schreiber

Erstausgabe: Deutsche Gesänge / mit Begleitung des / Piano-
Forte / in Musik gesetzt / und / Der Frau Baronin / Friederike
Lövenskiold / gebohrne von Kaas / gewidmet / von / Friedrich
Kuhlau. / 19tes Werk. 2te Samml: Lieder. Pr. Hamburg / bey
Joh. Aug. Böhme.
- Ohne Plnr. [1319]. 29 S. Querfolio. Stich.
    Kurze Besprechung in AmZ Jhg. 21 Nr. 43, 27/10-1819, Sp. 731 f.
    Einzelausgaben: Nr. 1 und 5: Hamburg, Böhme (ca. 1819). - Nr. 10:
    Hamburg, Cranz (ca. 1825).

Dänische Vorausgabe von Nr. 7 und 9 in der Sammlung "Maanedsroser", die schon 1818 mit dänischen Texten erschien. Cf. Nr.
158.
    Neuausgabe: In Romancer og Sange (cf. Nr. 232). Nr. 1: I/94. Nr. 2:
    I/92. Nr. 3: I/98. Nr. 4: II/2. Nr. 5: I/90. Nr. 6: II/1. Nr. 7:
    I/102. Nr. 8: II/4. Nr. 9: I/104. Nr. 10: II/6. Sie erschienen auch
    in Einzeldrucken aus dieser Ausgabe, von wo die dänischen Übersetz-
    ungen herrühren.
    Bearbeitung: Tre Arier sat i Musik af Fr. Kuhlau oversat til Samme
    ved N. T. Brun. Med Guitarre Accompagnement. Kiöbenhavn hos C.C.Lose.
    (ca. 1819). 4 S. Querfolio. - Enthält Nr. 5, 1 und 3 mit dänischen
    Texten, die von den oben angeführten abweichen:
    1: (Nr. 5): Til den Ukiendte. 'Naar Aurora sig hæver'
    2: (Nr. 1): Den Lykkelige. 'Mig Vaaren tilsmiler'
    3: (Nr. 3): Digtervise. af Baggesen. 'Hver Digter elsker Druens Blod'
    - Nr. 1 und 5 für Gesang mit Guitarre: Hamburg, Böhme (um 1819).

Op. 20: 3 SONATINEN FÜR KLAVIER. In C, G, F

Komp. ca. 1819. Erstausgabe 1820

<u>Erstausgabe</u>: Trois / Sonatines / Pour le Pianoforte / par / Frédr. Kuhlau. / Oeuv. 20. Pr. 1 Rthlr. / Chez Breitkopf & Härtel à Leipsic.
- Plnr. 3148 [1820]. 27 S. Querfolio. Lithographie.
  Angezeigt in AmZ, Intelligenzblatt VIII, November 1820.
  Kurze Besprechung in AmZ Jhg. 23, Nr. 39, 26/9-1821, Sp. 672.

<u>Dänischer Erstdruck</u>: in 'Nye Apollo' Jhg. 7, Bd. 2, S. 13-19 und S. 28-45. (1821)
<u>Dänische Erstausgabe</u>: Trois Sonatines pour le Pianoforte composées par Frederic Kuhlau. Oeuv: 20. No. 1(-3). Copenhague, chez C.C.Lose. (1821) - Separatausgabe obigen Erstdruckes mit dessen Platten und Paginierung hergestellt.
Titelauflage davon: C. C. Lose & Olsen (ca. 1838)
<u>Neuausgaben</u>: Zahlreiche Neuausgaben in den Klassiker-Editionen der meisten grösseren Verlage; auch in Sammelausgaben mit den Sonatinen op. 55 und op. 59.

Bearbeitungen: Für Klavier zu 4 Händen (Rösler), Peters, EP 1980. -
Für 2 Klaviere zu 4 Händen, mit hinzukomp. II. Pfte von Aug. Riedel,
Peters (1889), Neuausgabe (Walter Niemann) (1918)

Op. 21: 3 GEDICHTE VON GERSTENBERG MIT KLAVIER

Komp. ca. 1820. Erstausgabe 1820

Erstausgabe: Drey Gedichte / aus Gerstenberg's poëtischem
Wäldchen / für eine Singstimme mit Pianoforte / in Musik ge-
setzt und der / Frau Henriette Weiss / geb. Schicht / zuge-
eignet / von / Friedrich Kuhlau. / 21stes Werk. 3te Sammlung
deutscher Gesänge. Pr. 16 Gr. / Bey Breitkopf & Härtel in
Leipzig.
- Plnr. 3141 [1820]. 17 S. Querfolio. Lithographie.
    Angezeigt in AmZ, Intelligenzblatt VIII, November 1820.
    Besprechung in AmZ Jhg. 23 Nr. 1, 3/1-1821, Sp. 16.
Neuausgabe: In Romancer og Sange (cf. Nr. 232) Bd. I, S. 52, 58, 49.
Auch als Einzeldrucke erschienen. Die dänischen Übersetzungen rühren
von dieser Ausgabe her.

Op. 22: VARIATIONEN FÜR KLAVIER über ein dänisches Lied

Komp. ca. 1820. Erstausgabe 1820.

Erstausgabe: Variations / sur une chanson danoise / Pour le
Pianoforte / par / F. Kuhlau. / Oeuv. 22. / Chez Breitkopf &
Härtel à Leipsic.

- Plnr. 3152 [1820]. 11 S. Querfolio. Lithographie.
Angezeigt in AmZ, Intelligenzblatt VIII, November 1820.
Besprechung in AmZ, Jhg. 23 Nr. 3, 17/1-1821, Sp. 47 f.
N̲o̲t̲e̲: Die Erstausgabe liegt in zwei Varianten vor, mit Preisangabe
'Pr. 12 Gr.' und ohne Preis.
N̲e̲u̲a̲u̲s̲g̲a̲b̲e̲: Edition nouvelle par Aug. Winding... Cph., Det Nordiske
Forlag. Plnr. 3529 (1897)

O̲p̲. 2̲3̲: 1̲2̲ ̲D̲E̲U̲T̲S̲C̲H̲E̲ ̲L̲I̲E̲D̲E̲R̲ ̲M̲I̲T̲ ̲K̲L̲A̲V̲I̲E̲R̲

Komp. 1819. Erstausgabe Dec. 1820

AN **

I. G. Iacobi

TRAUER DER LIEBE

I. G. Iacobi

DAS MÄDCHEN BEI DER ROSE

I. H. Voss

SEHNEN

T. Wellentreter

FINDEN

T. Wellentreter

NACHTGESANG

Kosegarten

Erstausgabe war leider nicht auffindbar. Sie ist wahrscheinlich ca. 1821 in Hamburg bei Cranz erschienen, und die unten
folgende ist vermutlich eine Titelauflage davon.

2. Auflage: Zwölf / Deutsche Lieder / mit Begleitung / des /
Piano-Forte. / In Musik gesetzt / von / Friedrich Kuhlau. /
Zweite Original-Auflage- 23stes Werk. 4te Sammlung Lieder. /
Hamburg, bei August Cranz.
- Ohne Plnr. [ca. 1822]. 22 S. Querfolio. Stich.
Angezeigt in AmZ, Intelligenzblatt IV, Juni 1823.

Neuausgabe: In Romancer og Sange (cf. Nr. 232) Band I. 1: S. 24;
2: S. 2; 3: S. 12; 4: S. 5; 5: S. 8; 6: S. 18; 7: S. 20; 8: S. 16;
9: S. 13; 10: S. 22; 11: S. 14; 12: S. 4. - Alle mit Text dänisch
und deutsch; auch als Einzelausgaben hiervon erschienen.

Op. 24: 8 WALZER FÜR KLAVIER ZU 4 HÄNDEN

Komp. ca. 1820. Erstausgabe 1821

Erstausgabe: VIII Walses / Pour le Pianoforte / à quatre
mains / composées / par / F. Kuhlau. / Oeuv. 24. Pr. 16 Gr. /
à Leipsic / Chez Breitkopf & Härtel.
- Plnr. 3261 [1821]. 17 S. Querfolio. Lithographie.
  Angezeigt in AmZ, Intelligenzblatt IV, Mai 1821.
  Teilausgabe: Trois Valses à quatre mains ... Copenhague. P.W.Olsen
  (um 1855) - Enthält Nr. 1 und 2 nebst Nr. 3 nach E Dur transponiert.
  Titelauflage davon: Wilhelm Hansen.

Op. 25: FANTASIE UND VARIATIONEN FÜR KLAVIER über schwedische
Themen.

Komp. ca. 1815. Erstausgabe 1821

Erstausgabe: Fantaisie & Variations / sur / des Airs & Danses
Suēdois / composées pour le / Piano Forte / par / Fred. Kuh-
lau. / Op. 25. Prix 3 Frs. / Bonn et Cologne chez N. Simrock /
Propriêté de l'éditeur.
- Plnr. 1803 [1821]. 19 S. Querfolio. Stich.

    Angezeigt in 'Adresseavisen', Kph., 14/12-1821, - in AmZ, Intelli-
genzblatt III, März 1822.
Kurze Besprechung in AmZ Jhg. 24 Nr. 29, 17/7-1822, Sp. 484.
Note: Kuhlau spielte in seinem Konzert in Kopenhagen am 13. December
1815 ein 'Potpourri über schwedische Nationallieder und Tänze', -
vermutlich vorliegendes Werk, das er am 13. April 1816 im Konzert im
Stadttheater in Hamburg wiederholte.

Op. 26: 3 KLAVIERSONATEN. In G, C, Es

    Komp.   Erstausgabe 1821

Erstausgabe: Trois Sonates / pour le / Piano-Forte / Composées par / Fréd. Kuhlau / Op: 26. N○ I [hds. in II-III er-
gänzt] / Bonn et Cologne chez N. Simrock. / Propriété de l'
éditeur. / 1807. 1808. 1809.
- 3 Hefte. Plnr. 1807, 1808, 1809 [1821]. 12, 21, 19 S.
　　Angezeigt in 'Adresseavisen', Kph., 14/12-1821.
　　Recension in AmZ Jhg. 23 Nr. 23, 6/6-1821, von Nr. 1 und 2 -: "Nur
　　die zwey ersten Nummern liegen vor uns: die dritte mag noch nicht
　　abgedruckt seyn."

Op. 27: DIE ZAUBERHARFE - TRYLLEHARPEN.

　　Oper in 2 Akten von Jens Baggesen.

　　Komp. 1816. Erstaufführung: Kopenhagen, Kgl. Theater
　　30/1-1817. Erstausgabe, Ouverture 1820.

Note: Wegen tragischer Komplikationen textlicher Natur erlebte diese
Oper bloss 3 Aufführungen, und nur die Ouverture wurde herausgegeben.
Einige Nummern daraus wurden 1839 in die Aladdin-Musik eingelegt, wo-
von eine im Druck erschien. Auch in Shakespeare's 'Kaufmann von Vene-
dig' fand bei der Erstaufführung 18/1-1828 eine Nummer einen geeigne-
ten Platz. Über die unglücklichen Schicksalswege der Oper berichtet
Thrane ausführlich S. 25 ff., vgl. S. 82 (dänisch S. 101 ff, resp.
S. 172). - Cf. Nr. 131.

Manuskript: Die autographe Partitur der Oper befindet sich
jetzt in der Kgl. Bibliothek, Kopenhagen (C II, 115)

Libretto, Erstausgabe: Trylle=Harpen. Originalt Syngespil. Af
Jens Immanuel Baggesen. Kjøbenhavn 1816. Trykt og forlagt af
Boas Brünnich, Løvstræde Nr. 128. 87 S. 8vo.
　　Cf. K. F. Plesner: Baggesen Bibliografi. Kbh. 1943, S. 156.

O_u_v_e_r_t_u_r_e :

Für Orchester. Erstausgabe: Ouverture / de l'Opéra: / La Harpe
enchantée / (die Zauberharfe) pour / 2 Violons, Viola, Basse /
2 Flûtes, 2 Hautbois, 2 Clarinettes, 2 Bassons / 2 Cors, Trom-
pettes et Timballes / composée / par / F. Kuhlau. / Oeuv. 27 /
à Leipsic, Pr. 2 Thlr / Chez Breitkopf & Härtel.
- Plnr. 3501 [1821]. 18 Stimmen. Folio. Stich, Titel jedoch
lithographisch.
Angezeigt in AmZ, Intelligenzblatt IV, Mai 1821.
Für Klavier, 4ms, Erstausgabe: Ouverture / de l'Opéra: die
Zauberharfe / Pour le Piano-Forte / à quatre mains / par /
Fréderic Kuhlau. / Chez Breitkopf & Härtel à Leipsic. / Pr.
1 Rthlr.
- Plnr. 3139 [1820]. 23 S. Querfolio. Lithographie.
Angezeigt in AmZ, Intelligenzblatt VIII, November 1820.

Op. 28: 6 WALZER FÜR KLAVIER ZU 4 HÄNDEN

Komp.   Erstausgabe 1821/22

Erstausgabe: 6 / Walses / pour le Piano-Forte / a quatre
mains / par / Fred. Kuhlau. / Op. 28. Pr. / Hambourg, chez A.
Cranz.
- Ohne Plnr [1821/22]. 13 S. Querfolio. Stich.

42

Op. 29: ELISA. Oper in 3 Akten von C. J. Boye

Komp. 1819-20. Erstaufführung: Kopenhagen, Kgl. Theater 17/4-1820. Erstausgabe, Klavierauszug 1820.

Singende Personen: Elisa (Sopran). Albrecht (Tenor). Wilhelm, Heinrich, Rudolph, Anton (Bass).

43

ATTO III

Manuskript:Die handschriftliche Partitur (in 2 Bänden) des Kgl. Theaters befindet sich in der Kgl. Bibliothek, Kopenhagen (C II, 115).

Libretto, Erstausgabe: C. J. Boye. Elisa eller Venskab og
Kjærlighed, lyrisk Drama i 3 Acter. Kjøbenhavn, 1819. Seidelin. 134 S. 8vo.

Erstausgabe, Klavierauszug: Elisa / eller / Venskab og Kjærlighed / et lÿrisk Drama i 3 Acter / sadt i Musik / af / Frederik Kuhlau. / Klaveerudtog. / - / Elisa / oder / Freundschaft und Liebe / ein lyrisches Drama in 3 Aufzügen / in Musik gesetzt / von / Friedrich Kuhlau. / Klavierauszug. / Copenhagen gedruckt bei C. C. Lose. / [in Perlschrift:] Sautder
scrip:
- Ohne Plnr. [1820]. Titel, 1 Blatt [Personaggi und Inhalt],
149 S. Querfolio. Stich. - Text dänisch und deutsch. In der
ersten Auflage ist das Titelblatt in Lithographie.

Variante: [mit gestochenem Titel] Elisa / eller / Venskab og
Kjaerlighed / et lÿrisk Drama i 3 Acter / sat i Musik / af /
... etc. wie oben ... Klavierauszug. / Copenhagen, beÿ C. C.
Lose. - Inhalt wie die Erstausgabe.
Angezeigt in AmZ, Intelligenzblatt IV, Juni 1823.

O u v e r t u r e :

Für Orchester. Erstausgabe: Ouverture de l'Opéra: ᴇlisa à
grand Orchestre. Oeuv: 29. Pr. 1 Thlr. 16 Gr. Chez Breitkopf
& Härtel à Leipsic.
- 17 Stimmen. Plnr. 3508 [1821]. Partitur nicht erschienen.
Besetzung: 2222/220/Timpani/Streicher.
Angezeigt in AmZ, Intelligenzblatt V, Juni 1821.

Für Klavier 4ms, Erstausgabe: Ouverture de l'Opéra: Elisa à
quatre mains composée par Fr. Kuhlau. Oeuv: 29. Pr. 16 Gr.
Chez Breitkopf & Härtel à Leipsic.
- Plnr. 3291 [1821]. 19 S. Querfolio. Lithographie.
Angezeigt in AmZ, Intelligenzblatt IV, Mai 1821.
Neuausgabe: Kopenhagen, H. Brix (1869). Titelauflage davon: Kopenha-
gen, Wilhelm Hansen.

Für Klavier 2ms, Erstausgabe: Ouverture de l'Opera: Elisa
composée et arrangée pour le Piano-Forte par Fr. Kuhlau. Copenhague, chez C. C. Lose.
- Ohne Plnr. [1820]. 10 S. Querfolio. Stich. Separatabdruck
aus dem Klavierauszug.
Neuausgaben: Hamburg, Cranz. Kopenhagen, Lose & Olsen und Verlagsnachfolger.

E i n z e l a u s g a b e n :

Für Gesang und Klavier: a) dänisch und deutsch: Nr. 2, 4, 7,
10 und 11. Kph., C. C. Lose (Separatabdrucke aus dem Klavierauszug). - b) dänisch: Nr. 6, 8, 9 und 12. Kph., C. C. Lose.
Titelauflagen: Lose & Olsen und Verlagsnachfolger.
Neuausgabe: Nr. 6, deutsch: Hannover, Bachmann (1824)

Bearbeitungen: Für Gesang und Klavier oder Guitarre: Nr. 2 und 11:
Hannover, Bachmann (1824).
Für Gesang und Guitarre: Nr. 2, 5, 7 und 11. Kph., C.C.Lose; Titel-
auflagen bei den Verlagsnachfolgern.

<u>Note</u>: Einzelausgabe von Nr. 14: Kjøbmanden i Venedig. Skuespil af
Shakspeare. Kjærlighedssang ... "Du steg, o hulde Kjærlighed". Erstdruck in 'Musikalsk Museum' Jhg. 21 Nr. 10. Kph., Horneman & Erslev.
(1867). Erstausgabe im gleichen Verlag, Titelauflage bei dem Verlagsnachfolger Wilhelm Hansen (ca. 1880). -
Bei der dänischen Erstaufführung von Shakespeare's 'Kaufmann von Ve-
nedig' wurde der Chor Nr. 14 eingelegt.

<u>Op. 30</u>: <u>KLAVIERSONATE IN B DUR</u>

    Komp.   Erstausgabe 1821

    MENUETTO

    RONDO

<u>Erstausgabe</u>: Sonate / Pour le Pianoforte / composée / par /
F. Kuhlau. / Oeuv. 30. Pr. 1 Rthlr. 12 Gr. / Chez Breitkopf &
Härtel à Leipsic.
- Plnr. 3292 [1821]. 35 S. Querfolio. Lithographie.
    Angezeigt in AmZ, Intelligenzblatt IV, Mai 1821.
    Kurze Besprechung in AmZ Jhg. 24 Nr. 17, 24/4-1822, Sp. 279 f.

<u>Op. 31</u>: <u>3 LEICHTE RONDOS FÜR KLAVIER über Opern-Melodien</u>

    Komp. ca. 1820. Erstausgabe 1821

<u>Erstdruck</u>: In 'Nye Apollo' Jhg. 6, II, S. 56-67, und Jhg. 7,
I, S. 4-12 [Dec. 1820-Jan.1821].
<u>Erstausgabe</u>: Drey / leichte Rondos / über beliebte / Opern=
Arien / für's / Piano-Forte / componirt von / Fried. Kuhlau./
Op. 31. N⁹ [1-3 hds.] / Copenhagen, / bey C. C. Lose.
- 3 Hefte. Ohne Plnr. [1821] Querfolio. Stich. - Separater Ab-
druck aus obigem Erstdruck mit dessen Paginierung.

Angezeigt in 'Adresseavisen', Kph., 9/2-1821.

<u>Themen</u>: Nr. 1: Mozart's Don Juan: 'Finch' han dal vino' - 'Treibt
der Champagner'; KV 527 Nr. 12
-- Nr. 2: Mozart's Figaro: 'Non più andrai' - 'Dort vergiss leises
Flehen'; KV 492 Nr. 9
-- Nr. 3: Boieldieu's Rothkäppchen: 'Lange nicht mehr kommst du' -
'Depuis longtemps'; Rosa's Rondo, 1. Akt. Nr. 7.
<u>Titelauflage</u>: ... Copenhagen bei C: C: Lose.
<u>Neuauflage</u>: ... 2ᵗ Auflage. Cph., C.C.Lose. Titelauflagen davon: Lo-
se & Olsen (1835), Lose & Delbanco (ca. 1846) und Nachfolger.
Hamburg, A. Cranz.

<u>Op. 32</u>: <u>KLAVIERQUARTETT IN C MOLL</u>, für Pianoforte, Violine,
Viola und Violoncello.

Komp. 1820-21. Erstausgabe 1821.

<u>Erstausgabe</u>: Grand Quatuor / pour Pianoforte / Violon, Alto
et Violoncelle / composé et dédié / à Monsieur A. Romberg /
par / Fr. Kuhlau. / Oeuv. 32. Pr. 2 Thlr. / à Leipsic, / Chez
Breitkopf & Härtel.
- Plnr. 3623 [1821]. 28, 8, 10, 3 S. Folio. Lithographie.
Angezeigt in AmZ, Intelligenzblatt IX, Oktober 1821.
<u>Neuausgabe</u>: Breitkopf & Härtel, Plnr. 5438 (1833). Paris, Farrenc.
<u>Bearbeitung</u>: Grand Quatuor pour ... arrangé pour le Piano à quatre
mains, composé par Fréd. Kuhlau... Lpz., B&H. Plnr. 6390 (1840). 43
S. Querfolio. Stich. - Titelauflage: B&H, Klavier Bibliothek 6390.

Op. 33: SONATE IN F MOLL FÜR KLAVIER UND VIOLINE

Komp. ca. 1821. Erstausgabe 1822

Erstausgabe: Grande Sonate / pour le / Piano Forté / avec accomp: d'un Violon obligé / Composée et dédiée à / Monsieur Louis Spohr / par / F. Kuhlau. / Op. 33. Prix 5 Frs: / Bonn et Cologne chez N. Simrock. / Propriété de l'éditeur. / No. 1880. - 2 Stimmen. Plnr. 1880 [1822]. 23, 7 S. Folio. Stich.
Angezeigt in AmZ, Intelligenzblatt V, Juni 1822.
Kurze Besprechung in AmZ Jhg. 24 Nr. 13, 27/3-1822, Sp. 215 f.
Erstaufführung: Kopenhagen 22/2-1823, Carl Schwarz und C. Mohr.
- Cf. 'Dagen' 1823, Nr. 42, 18. Februar.
Neuausgaben: Paris, Farrenc (vor 1830). London, Wessel, ed. by E. Eliason (ca. 1850), Titelauflage davon, Ashdown.
Bearbeitung: Für Klavier und Flöte: Paris, Farrenc, ed. P.H.Camus (vor 1830). London, Wessel, ed. L. Drouet (ca. 1850). Titelauflage davon bei Ashdown.

Op. 34: KLAVIERSONATE IN G DUR

Komp. 1821 in Wien. Erstausgabe 1822

Erstausgabe: Sonate / Pour le Pianoforte / composée / par / F. Kuhlau. / Oeuv. 34. Pr. 12 Gr. / à Leipsic, / Chez Breitkopf & Härtel.
- Plnr. 3679 [1822] 13 S. Querfolio. Lithographie.

48

Angezeigt in AmZ, Intelligenzblatt I, Januar 1822
Kurze Besprechung in AmZ, Jhg. 25 Nr. 36, 3/9-1823, Sp. 596.
Neuausgaben: Milano, Ricordi (vor 1828). Lpz., Breitkopf & Härtel,
Klavier Bibliothek 8216.

Op. 35: 9 VARIATIONEN FÜR KLAVIER über 'Danmark! Hellige Lyd!'
von C. E. F. Weyse.

Komp. 1821. Erstausgabe 1821

Erstdruck: In 'Nye Apollo' Jhg. 7, II, S. 1-11. Kph. 1821.
Kopftitel "Variationer over den kronede danske Nationalsang".
Erstausgabe: Chanson nationale Danoise / "Danmark! Hellige
Lyd!" / Variée / pour le / Piano-Forte / par / Fried. Kuhlau /
Oeuv: 35. / Copenhague, chez C. C. Lose.
- Ohne Plnr. [1821] 11 S. Querfolio. Stich. - Separater Ab-
druck aus obigem Periodicum, auf erster Notenseite noch des-
sen Plattenbezeichnung 'N-A. 7-A. 2-B. 1-H.' und Kopftitel.

Thema: Die preisgekrönte Komposition C. E. F. Weyses zu dem preisge-
krönten Lied von Jfr. J. M. Jessen "Dannemark! Dannemark! hellige
Lyd!". - Weyses Melodie erschien erstmalig in Nye Apollo Jhg. 6, I
(1820).
Titelauflage: C. C. Lose und Verlagsnachfolger.
Neuausgabe: Hamburg, Cranz.

Op. 36: DIE FEIER DES WOHLWOLLENS. Kantate für 3 Männerstimmen

Komp.   Erstausgabe 1822

Erstausgabe: Die / Feier des Wohlwollens / Cantate von Sander/
Für drei Männerstimmen / in Musik gesetzt / von / Fr. Kuhlau /
Op. 36 Clavierauszug Pr. 20 Gr. / Eigenthum des Verlegers. /
Hamburg bei A. Cranz.
- Ohne Plnr [1822] Titel, 18 S. Querfolio. Stich.
  Angezeigt in AmZ, Intelligenzblatt IV, Juni 1823.

Text-Erstausgabe: Die Feier des Wohlwollens. Cantate von [C.
L.] Sander. In Musik gesetzt von Fr. Kuhlau. Kopenhagen. Gedruckt bei I. Irgens. 1824. - 4 unpaginierte Seiten. 8vo.

 Neuausgabe: Klavierauszug: Hamburg, Cranz. 19 S. Hochfolio.
 Variante: [Freimaurerkantate] Im Archiv des Dänischen Freimaureror-
dens in Kopenhagen befindet sich ein Exemplar der Neuausgabe vom Klavierauszug mit handschriftlich eingetragenen dänischen, maurerischen
Texten. Einen damit übereinstimmenden Klavierauszug, handschriftlich
ausgefertigt, besitzt Die kgl. Bibliothek, Kopenhagen:
Födselsfesten / i /□ Z og F t d k. H. / 5858. 1. 6/ Texten af Br:
C: Otto / Musikken af Br Fr Kuhlau / Klaveer Udtog / allerunderda-
nigst / fra / Br: P: W: Olsen. - Die Handschrift umfasst Titel und
30 S. in Folio. Musikalisch stimmt dies Ms mit dem Druck, es hat aber
nur die dänischen Texte wie folgt:
  Over Jorden Mörke ruged'
  I Hadets Aander! drager! drager!
  Kjærlighed straaler fra Blikket glad
  Følger trofast Murergangen.
Dieser Klavierauszug wurde bei einer Aufführung am 6/1-1858 verwen-
det. Br: P: W: Olsen ist der Musikverleger, der 1835-45 Mitinhaber
des Verlages Lose & Olsen war.
Kuhlau war vom 7/11-1814 bis zu seinem Tod Freimaurer.

Op. 37: DIVERTISSEMENT IN ES DUR FÜR KLAVIER

 Komp. 1821 in Wien. Erstausgabe 1822

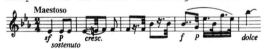

Erstausgabe: Divertissement / pour le / Pianoforte / par / F.
Kuhlau. / Oeuv. 37. Pr. 1 Rthlr. / Chez Breitkopf & Härtel à
Leipsic.
- Plnr. 3714 [1822]. 23 S. Querfolio. Lithographie.
 Angezeigt in AmZ, Intelligenzblatt IV, Mai 1822.
 Kurze Besprechung in AmZ Jhg. 25 Nr. 38, 17/9-1823, Sp. 627 f.

Op. 38: 3 FANTASIEN FÜR FLÖTE SOLO. In D, G, C

 Komp. 1821 in Wien. Erstausgabe 1822

50

ARIETTE CON VARIAZIONI

2

ARIETTE CON VARIAZIONI

3

ROMANCE CON VARIAZIONI

Erstausgabe: Trois / Fantaisies / pour / une Flûte / composées par / F. Kuhlau. / N⁰ I [-III] 10 gr. / Leipzig, au Bureau de Musique de C. F. Peters. / Propriété de l'Editeur.
- 3 Hefte. Plnr. 1696 a,b,c [1822] 10, 9, 9 S. Folio. Stich.
Angezeigt in AmZ, Intelligenzblatt I, Februar 1823.

Themen: Nr. 1: Mozart's Don Giovanni: Arie Zerlinas 'Batti, batti, o
bel Masetto' - 'Schmäle, tobe, lieber Junge', KV 527 Nr. 13
-- Nr. 2: Bianchi's Canzonetta 'Silenzio che sento qui gran mormorio'
'Nur zärtliches Kosen im blühenden Haine', - Kuhlaus Opus 54 hat
dasselbe Thema für Klavier variiert.
-- Nr. 3: Mozart's Don Giovanni: Canzonetta Don Giovannis 'Deh, vieni
alla finestra' - 'Horch auf den Klang der Zither', KV 527 Nr. 17.
Parallelausgabe: Paris, Farrenc; Titelauflagen der Verlagsnachfolger.
Neuausgabe: Nr. 1: Kassel, Bärenreiter (1958)
Bearbeitung: Für Klarinette von F. T. Blatt, Lpz. Peters (1830)

Op. 39: 3 DUOS FUR 2 FLÖTEN. In e, B, D

Komp.   Erstausgabe 1821/22

1

Erstausgabe: Trois / Grands Duos / pour deux Flûtes / composés et dédiés / à son Ami / A. B. Fürstenau / par / F. Kuhlau.
/ Propriété des Editeurs. / Oeuv. 39. IIme Liv. de Duos. Pr.
2 Rthlr. / Chez Breitkopf & Härtel à Leipsic.
- 2 Stimmbände. Plnr. 3727 [1821/22]. 29, 29 S. Folio. Lithographie.
      Angezeigt in AmZ, Intelligenzblatt IV, Mai 1822.
      Parallelausgabe: Paris, Farrenc (vor 1828). - Titelauflagen davon
bei den Verlagsnachfolgern.
      Neuausgaben: Lpz., Breitkopf & Härtel. Litolff (1875). Peters. New
York, IMC. Boston, Cundy-Bettoney.

Op. 40: 6 LEICHTE RONDOS FÜR KLAVIER

  Komp. ca. 1821. Erstausgabe 1822.

Erstausgabe: Sechs leichte / Rondos / für das / Pianoforte /
componirt / von / Fried. Kuhlau. / 40^{s} Werk Pr. 16 Gr. /
Leipzig, bei Friedrich Hofmeister. / 865.
- Plnr. 865 [1822]. 15 S. Querfolio. Lithographie.
  Angezeigt in AmZ, Intelligenzblatt VII, September 1822.
  Neuausgaben: Lpz., Hofmeister (Mai 1835)Plnr. 865. Hochfolio. -
  Kph., Jac. Erslev (1861), Wilh. Hansen (c. 1865), C.C.Lose (Borchorst)
  (ca. 1873)

Op. 41: 8 LEICHTE RONDOS FÜR KLAVIER

  Komp. ca. 1821. Erstausgabe 1822

Erstausgabe: VIII Rondeaux / faciles / Pour le Piano-Forte /
composés / par / F. Kuhlau. / Oeuv. 41. Pr. 1 Thlr. / Chez
Breitkopf & Härtel à Leipsic.
- Plnr. 3715 [1822]. 23 S. Querfolio. Lithographie.
Angezeigt in AmZ, Intelligenzblatt IV, Mai 1822
Kurze Besprechung in AmZ, Jhg. 26 Nr. 15, 8/4-1824, Sp. 248.
Neuausgaben: Breitkopf & Härtel, Plnr. 4148 (1825), und später. Zahl-
reiche weitere Ausgaben verschiedener Verlage.

Op. 42: 6 VARIATIONEN FÜR KLAVIER über österreichische Volkslieder.

Komp. ca. 1821. Erstausgabe 1822

Erstausgabe: Leichte / Variationen / über / sechs Oester-
reichische Volkslieder / für das / Pianoforte / componirt /
von / Fried. Kuhlau. / Op. 42. N? I [-II] Pr. 10 Gr. / Leipzig, bei Friedrich Hofmeister. / 868.
- 2 Hefte. Plnr. 868, 891 [1822]. 9, 11 S. Querfolio. Lithographie.

> Angezeigt in AmZ, Intelligenzblatt VII-VIII, September-Oktober 1822
> (Heft I-II)
> Neuausgaben: Hofmeister (1831) Titel wie oben; gestochen. - Kopen-
> hagen, Jac. Erslev (1845). Lose & Delbanco und Titelauflagen der
> Verlagsnachfolger. Wolfenbüttel, Holle. Braunschweig, Litolff.

Op. 43 - scheint nicht verwendet.

Op. 44: 3 SONATINEN FÜR KLAVIER ZU 4 HÄNDEN. In G, C, F

Komp. ca. 1822. Erstausgabe 1822.

RONDO

Erstausgabe: Trois / Sonatines / pour le / Piano-Forte / a quatre Mains / composées par / FE: Kuhlau. / Oeuvre 44 No. 1 [-3] / Propriété de l'Editeur. / Copenhague chez C: C: Lose. - 3 Hefte. Ohne Plnr. [1822] 11, 15, 15 S. Querfolio. Stich.

Titelauflagen: Lose & Olsen, Lose & Delbanco.
Neuausgaben: Zahlreiche Ausgaben in Klassiker-Editionen vieler Verlage, auch in Bandform mit op. 66.

Op. 45: CONCERTINO FÜR 2 HÖRNER

Komp. ca. 1822. Erstausgabe 1830

Erstausgabe: Concertino / pour / deux Cors / avec Accompagnement / de grand Orchestre / ou de Pianoforte / composé et dédié / A Ses Amis M.rss Gugl, Pere et Fils, / par / Frédéric Kuhlau. / Propriété de l'Editeur. / Leipzig, au Bureau de Musique de C. F. Peters. / Pr. av. Orch. 2 Rth. 12 Gr. av. Piano 1 Rth.
Orchesterstimmen: Plnr. 2112 [1830]. Titel, Solostimmen und 18 Stimmen. Folio. Stich.
Klavierausgabe: Titel wie oben. 3 Stimmen: Corno Primo Principale in F, Corno Secondo Principale in F, Pianoforte. Plnr. 2112. 2113 [1830] 7, 5, 11 S. Folio. Stich.

Das Concertino ist in einem Satz, Tempobezeichnungen: Adagio ma non troppo. Allegro alla Polacca. Larghetto. Allegro alla Polacca. Allegro assai. Presto.
Stimmen: Corno Primo Principale in F, Corno Secondo Principale in F. - Violino Primo, Violino Secondo, Viole, Violoncello e Basso. - Flauto I-II, Oboe I-II, Clarinetto I-II in B, Fagotto I-II. - Corno I-II in F, Tromba I-II in F, Trombone Basso. - Timpani in F, C.

Angezeigt in AmZ, Intelligenzblatt VI, Mai 1830.
Neuausgaben: Heilbronn, C. F. Schmidt. London, Musica Rara (1972)

Note: Der Hornvirtuose Heinrich Gugel konzertierte 1822 in Kopenhagen mit seinem Sohn.

Op. 45: Rondo für Klavier über ein Thema von Rode, cf. Nr. 203.

56

Op. 46: 3 SONATEN FÜR KLAVIER. In G, d, C

Komp. ca. 1822. Erstausgabe 1823

Erstausgabe: Trois / Sonates / pour le / Piano Forte / composées par / Fred. Kuhlau. / Op. 46 Nº [1-3 hds.] Pr. / Propriété de l'Editeur. / Hambourg chez A. Cranz.
- 3 Hefte. Ohne Plnr. [1823]. Titel, 15 S; Titel, 11 S; Titel,
14 S. Querfolio. Stich.
Angezeigt in AmZ, Intelligenzblatt IV, Juni 1823.
Neuausgaben: Cranz: Nouv. Ed. (1838) Kph., J. Cohen Nr. 1-2 (1862)
Wilhelm Hansen (ca. 1864) und Titelauflagen davon.

Note: Die Sonaten wurden aufgenommen in 'Musikalischer Ehren-Tempel',
Hamburg bei Böhme und Cranz. Nr. 1-2 in Jahrgang 1, Heft 7-8 und Nr.
3 in Jahrgang 2, Heft 9-10, (um 1831). Beide Hefte haben am Schluss
Textanhang mit Spielanweisung zu den Sonaten.
Separatausgabe: Rondo alla Polacca ... Tiré de l'Oeuvre 46. Hamburg
chez A. Cranz. Ohne Plnr. S. 9-15. (1824). Abdruck aus Nr. 1.

Op. 47: EURYDICE IN TARTARUS. Lyrisch-dramatische Scene
von Jens Baggesen.

Komp. 1816. Erstaufführung: Kopenhagen, Kgl. Theater
17/6-1816. Erstausgabe, Ouverture 1823.

Note: Der Text entstammt einem ungedruckten Singspiel von Jens Bag-
gesen. Kuhlau komponierte die Scene für die Hamburger Sängerin Minna
Becker, geb. Ambrosch während ihres Konzertaufenthaltes in Kopenha-
gen. Die Erstaufführung erfolgte in ihrem letzten Konzert am Kgl.
Theater am 17. Juni 1816. Sie hatte im März desselben Jahres bei der
Hamburger Aufführung der 'Räuberburg' Adelaide gesungen, cf. Nr. 129.
Nur die Ouverture wurde druckgelegt; das Presto-Stück, das diese
Konzert-Ouverture beendet, hat Kuhlau später hinzukomponiert.

Manuskript: Partitur zu der lyrisch-dramatischen Scene in der
Kgl. Bibliothek, Kopenhagen (C II, 115).

Erstausgabe: Ouverture / zu der lyrisch, dramatischen Scene /
Euridice in Tartarus / componirt und für das Pianoforte zu 4
Händen / eingerichtet / von / Fr. Kuhlau. / Op. 47. Pr. 16 gr.
/ Hamburg bei A. Cranz .
- Ohne Plnr. [1823]. Titel, 15 S. Querfolio. Stich.
Angezeigt in AmZ, Intelligenzblatt IV, Juni 1823.

Neuausgabe: Fr. Kuhlau. Ouverture til den lyrisk-dramatiske Scene
Eurydice i Tartarus. Op. 47. Klaver-Udtog for 4 H. af Komponisten.
Kjøbenhavn. Samfundet til Udgivelse af dansk Musik. 1877. X. -
Titel, 15 S., 1 Blatt (mit historischer Erläuterung zum Werk).
Folio. Stich.

Libretto, Erstausgabe: Eurydice in Tartarus. / - / Scene aus
einem ungedruckten Singspiel / von / Baggesen. / - / In Musik
gesezt / von / Kammermusikus Kuhlau. / Kopenhagen / 1816.
(8) S. 8vo.

Op. 48: 10 VARIATIONEN FÜR KLAVIER über das Volkslied aus
C. M. von Weber's "Der Freischütz"

Komp. ca. 1822. Erstausgabe 1822

Erstdruck: In 'Nye Apollo', Jhg. 8, I, S. 49-60.[Juni 1822].

Erstausgabe: Volkslied / aus der Oper: / Der Freischütze /
von / C. W. von Weber / Variirt für's Piano-Forte / von / F.
Kuhlau. / Eigenthum des Verlegers. / op: 48. / Copenhagen,
bei C. C. Lose.

- Ohne Plnr. [1822] Titel, S. 49-60. Querfolio. Stich. - Abdruck aus der obigen Veröffentlichung, auf erster Notenseite noch mit der Plattenbezeichnung 'N-A. 8-A. 1-B. 5-H.'
Angezeigt in 'Adresseavisen', Kph., 29/7-1822.
Thema: Das Volkslied "Wir winden dir den Jungfernkranz" aus Webers 'Freischütz'; cf. Jähns Nr. 277, Nr. 14 (S. 301). - Die dänische Erstaufführung der Oper erfolgte am 26. April 1822; schon am 8. Okt. 1820 hatte aber Weber in seinem Konzert in Kopenhagen die Weltpremiere der Ouvertüre unter Direktion von Cl. Schall erlebt.
Neuausgaben: Lose & Olsen und Titelauflagen der Verlagsnachfolger.

Op. 49: VARIATIONEN FÜR KLAVIER über 6 Themen aus 'Freischütz'
Komp. 1822. Erstausgabe 1822.

Erstausgabe: Six Thêmes / Favoris / tirés de l'Opera: Der
Freyschütz / Variés / pour le / Piano-Forte / par / Fred. Kuhlau. / Oeuv. 49. N.° 1 [-6] / Propriété de l'Editeur. / Copenhague, chez C. C. Lose.
- 6 Hefte. Ohne Plnr. [1822] 14, 7, 16, 13, 15, 11 S. Querfolio. Stich.

Angezeigt in AmZ, Intelligenzblatt IV, Juni 1823.
Themen: - nach Jähns Nr. 277 (S. 297 ff.) angeführt:
Nr. 1: Arie Ännchens 'Trübe Augen, Liebchen' (Nr. 13)
Nr. 2: Arie Agathes 'Leise, leise' (Nr. 8)
Nr. 3: Jäger-Chor 'Was gleicht wohl auf Erden' (Nr. 15)
Nr. 4: Aus Max's Arie 'Jetzt ist wohl ihr Fenster' (Nr. 3 b)
Nr. 5: Aus Duett Nr. 6 'Spukereien kann man entbehren'
Nr. 6: Max: 'Die Zukunft soll mein Herz bewahren' in Finale (Nr. 16)
Titelauflagen: C. C. Lose und Verlagsnachfolger.
- Nr. 2 ist abgedruckt in 'Nye Apollo' Jhg. 8, II (1822)

Op. 50: KLAVIERQUARTETT IN A DUR, für Klavier, Violine, Viola
und Violoncello.

Komp. ca. 1821. Erstausgabe 1822

FINALE
Allegro di molto

P dolce

<u>Erstausgabe</u>:Grand Quatuor / pour le / Forte-Piano / Violon,
Alto & Violoncelle / composé et dédié à son ami / Antoine Key-
per / par / F. Kuhlau. / Op. 50. Prix 9 Francs. / Bonn et Co-
logne chez N. Simrock. / Propriété de l'éditeur. / 2045.
- Plnr. 2045 [1822]. 4 Stimmen: Fortepiano: 32 S. Querfolio.
Streicher je 10 S. Hochfolio. Stich.
    Angezeigt in AmZ, Intelligenzblatt XI, December 1823.
    <u>Parallelausgabe</u>: Paris, Farrenc (vor 1829)

<u>Op. 51</u>: <u>3 FLÖTENQUINTETTE</u>. In D, E, A. Für Flöte, Violine,
Viola I-II und Violoncello.

Komp. ca. 1822. Erstausgabe 1823.

Erstausgabe: Tre Quintetti / per / Flauto / Violino, due Viole
e Violoncello/ Composti e dedicati / al suo amico / P. C.
Bruun / da / Frederico Kuhlau. / Op: 51. NO I [-III hds.]
Prezzo 6 Francs. / Bonna e Colonia presso N. Simrock. / Pro-
prietà dell' editore. / 2073.
- 3 x 5 Stimmen. Plnr. 2073, 2074, 2075 [1823]. Flauto: 10,9,
9 S. Violino: 7,8,7 S. Viola 1ma: 7,7,7 S. Viola 2da: 7,7,
7 S. Violoncello: 7,8,7 S. Folio. Stich.
Angezeigt in AmZ, Intelligenzblatt III, April 1824.

Parallelausgabe: Paris, Farrenc. Titelauflagen bei den Verlagsnachfolgern. - London, Wessel & Co, und Nachfolger.
Neuausgabe: Nr. 1: Kph., Samfundet til Udgivelse af dansk Musik, 3.
Serie Nr. 143. Stimmen. Kritisch revidierte Ausgabe von Erling Winkel, der gleichzeitig die erste Partiturausgabe von Nr. 1 besorgte.
Partitur: Nr. 1, hrsg. wie oben angeführt. Kph. 1961. 1 Bl., 74 S.
8vo. Mit Einleitung des Herausgebers. - Nr. 2 und 3 in handschriftlicher Partitur in Musikvidenskabeligt Institut, Universitetet, Aarhus.

Bearbeitungen:
Die 3 Quintette liegen in zwei Bearbeitungen von Kuhlau's Schüler
und Freund Anton Keyper vor, als Trois Grandes Sonates, A) für
Klavier und Flöte und B) für Klavier 4ms. Vermutlich sind die beiden
Versionen von Nr. 1 erstmalig bei C. C. Lose erschienen (in Lithographie), während Nr. 2 und 3 in beiden Gestalten nur bei Simrock
herausgebracht wurden. Die von Lose geschaffenen Titelseiten der
beiden Versionen sind fast identisch, nur die abweichende Angabe
'Pianoforte à quatre mains' statt 'Piano Forte et Flûte obligée'
unterscheidet die beiden Titelseiten. Die Simmrock'schen Titel sind
textlich wie typographisch genaue Nachbildungen der Lose-Ausformung.

A)_Für_Klavier_und_Flöte:_Nr._1: Trois / Grandes Sonates /
pour le / Piano Forte et Flûte obligée / arrangées / d'après
l'Oeuvre 51 / Quintuors pour Flûte / de / F. Kuhlau / par son
Elève / Antoine Keyper. / NO [1] Pr. / Propriété de l'Edi-
teur. / Copenhague chez C. C. Lose. / [In Perlschrift:] Hem-
pel sc.
- Ohne Plnr. [ca. 1828]. 26, 8 S. Querfolio. Lithographie.
  Neuauflage: Bonn, Simrock. Plnr. 4046.
A)_Idem,_Nr._2-3: Trois / Grandes Sonates / etc. wie oben ../
NO II [-III]. Prix 5 Fr. 25 CS / Bonn chez N. Simrock. / Pro-
priété de l'editeur. / 2074. 2075.
- Plnr. 2074-75 [1828]. 21,9 und 17,9 S. Querfolio. Stich.
  Angezeigt (Nr. 1-3) in AmZ, Intelligenzblatt III, März 1828.

B)_Für_Klavier_4ms:_Nr._1: Trois / Grandes Sonates / pour le/
Pianoforte à quatre mains / arrangées etc. wie A) Nr. 1 /
- Ohne Plnr. [ca. 1828]. 41 S. Querfolio. Lithographie.
B)_Idem,_Nr._2-3: Trois / Grandes Sonates / etc. wie B) Nr. 1
... NO II [-III, hds.] Prix 5 Francs. / Bonn chez N. Simrock.
/ Propriété de l'éditeur. / 2537. 2551.
- Nr. II: Plnr. 2551. [1828]. 35 S. Querfolio. Stich.
- Nr. III: Plnr. 2537. [1828]. 27 S. Querfolio. Stich.

> Bearbeitungen: Nr. 1-3 für Flöte und Klavier: Paris, Richault. Lon-
> don, Wessel & Co. - Für 2 Flöten: Paris, Richault.

Op. 52: 3 KLAVIERSONATEN. In F, B, A

Komp. ca. 1822. Erstausgabe 1823

RONDO

Erstausgabe: Trois Sonates / pour le / Piano-Forte / composées
/ par / Frederic Kuhlau. / Oeuv. 52. / N⁰ 33. Propriété de l'
Editeur. Pr. 1 Rthlr. 16 gr. / Leipzig chez H. A. Probst.
- Plnr. 33 [1823]. 39 S. Querfolio. Stich.
Angezeigt in AmZ , Intelligenzblatt X, November 1823. - Die Sonaten
erschienen in einem Heft und in Einzelausgaben.
Titelauflage: Probst.
Neuausgaben: Kopenhagen, Horneman & Erslev, 3 Hefte (1848). Wilhelm
Hansen, 3 Hefte (ca. 1864) und später Titelauflagen davon.

Op. 53: VARIATIONEN FÜR KLAVIER über 3 Themen aus C. M. von
Weber's 'Preciosa'

Komp. 1822/23. Erstausgabe ca. 1823

Erstausgabe: Trois Thêmes Favorits / de l'Opera / Préciosa /
Musique de C: M: de Weber / variés / pour le Piano=Forte /
par / Fr. Kuhlau. / Oeuv. 53 N⁰ 1 [-3] / Christiania / chez
L: M: Ibsen.
- 3 Hefte. Ohne Plnr. [ca. 1823]. 11, 11, 11 S. Querfolio.
Stich.
Themen: - nach Jähns Nr. 279 (S. 327 ff.) angeführt:
Nr. 1: Chor 'Es blinken so lustig' (Nr. 12)
Nr. 2: Lied der Preciosa 'Einsam bin ich nicht alleine' (Nr. 7)
Nr. 3: Melodrama der Preciosa (Nr. 3)

Neuausgaben: Hamburg, Christiani (um 1826). A. Cranz. Kopenhagen,
C. C. Lose und Titelauflagen der Verlagsnachfolger. - Nr. 2: Braunschweig, Spehr (vor 1828)

Op. 54: 10 VARIATIONEN FÜR KLAVIER über Bianchi

Komp. ca. 1823. Erstausgabe 1823

INTRODUZIONE

THEMA
Allegretto grazioso

Erstausgabe: Introduction et Variations / brillantes / pour
le / Pianoforte / sur la Canzonetta de Bianchi / Silenzio che
sento qui gran mormorio / Nur zärtliches Kosen im blühenden
Haine. / composées / par / Frèderic Kuhlau / Oeuvre 54. Prix
1 Rth. / à Leipsic, chez Frederic Hofmeister. / 954
- Plnr. 954 [1823]. 25 S. Querfolio. Lithographie.
   Angezeigt in AmZ, Intelligenzblatt XII, December 1823.
   Thema: Cf. Opus 38 Nr. 2

Op. 55: 6 SONATINEN FÜR KLAVIER. In C, G, C, F, D, C

Komp. 1823. Erstausgabe December 1823

Erstausgabe: Six / Sonatines / faciles, progressives / et /
doigtées / Pour le Piano Forte / composées / par / F. Kuhlau.
/ Op. 55. / Propriété des Editeurs. Liv. I [-II]. / Copenhague
chez Richter, Bechmann et Milde.
- 2 Hefte. Ohne Plnr. [Dec. 1823]. 15, 15 S. Querfolio. Lithographie.

Deutsche Erstausgabe: Six Sonatines faciles, progressives doigtées
Pour le Pianoforte composées par F. Kuhlau. Oeuv. 55. Propriété de
l'Editeur. Liv. 1(-2). Hambourg chez Jean Aug: Böhme. Pr. 16 gr. -
2 Hefte. Plnr. 2514. 2515. (1825) 15, 15 S. Querfolio. Stich.

Neuausgaben: Hamburg, Cranz. Kopenhagen, C. C. Lose und Titelauflagen der Verlagsnachfolger. Plenge (1853). Hofmusikhandelen (1883).
Zahlreiche Neuausgaben in den Klassiker-Editionen der meisten grösseren Verlage; auch in Sammelausgaben mit den Sonatinen op. 20 und
op. 59.
Bearbeitungen: Für 2 Klaviere zu 4 Händen, mit hinzukomp. II. Pfte.
von Aug. Riedel. Peters (1889), Neuausgabe (Walter Niemann) (1918).
- Nr. 1 mit von Sigfr. Karg-Elert hinzukomp. II. Pfte: Berlin, Carl
Simon (1920)

Op. 56: 3 LEICHTE RONDOS FÜR KLAVIER über Mozarts 'Figaro'
Komp. 1823. Erstausgabe 1823.

66

Erstdrucke: In 'Nye Apollo', Jhg. 9. Nr. 1 in Bd. II, S. 4-9.
Nr. 2 in Bd. II, S. 20-24. Nr. 3 in Bd. I, S. 68-72. [1823]

Erstausgabe: Drei leichte Rondos / über beliebte / Opern-Melodien / fürs / Piano Forte / componiert von / F. Kuhlau. / Op:
56. Eigenthum des Verlegers. N⁰ 1 [-3] / Copenhagen bei C. C.
Lose.
- 3 Hefte. Ohne Plnr. [1823] Querfolio. Stich. - Separate Abdrucke aus obigem Erstdruck mit dessen Paginierung. - Kopftitel in jedem Heft wie in dem Periodicum 'Nye Apollo': "Rondo over et Thema af Figaro".

> Themen: Nr. 1: Duett 'Se a caso Madama la notte' - 'Sollt' einstens
> die Gräfin zur Nachtzeit'; KV 492 Nr. 2
> -- Nr. 2: Coro 'Ricevete! o padroncina' - 'Gnädge Gräfin!' KV 492
> Nr. 21
> -- Nr. 3: Arie Cherubinos 'Non so più cosa son' - 'Neue Freuden,
> neue Schmerzen'; KV 492 Nr. 6.
> Titelauflagen: C. C. Lose und Verlagsnachfolger.
> Parallelausgabe: Paris, Farrenc (vor 1829).

Op. 57: 3 SOLOS FÜR FLÖTE MIT KLAVIER AD. LIB. In F, a, G

Komp.   Erstausgabe 1824

Erstausgabe: Trois / Grands Solos / pour la / Flûte / avec /
Accompagnement de Piano=Forte / ad libitum, / composés / par /
Fréd. Kuhlau. / Oeuv. 57. N° I[-III] / N? 53. Propriété de
l'Editeur. Pr. 1 rtl. / Leipzig chez H. A. Probst. / [In Perl-
schrift:] Martin sc
- Klavierpartitur: 3 Hefte. Plnr. 83 a,b,c [1824] 39 S. Folio
Stich. - Flötenstimme 12 S. Folio. Stich.
> Anzeige in AmZ, Intelligenzblatt VI, Juli 1824: Nr. 1
> Thema: Tema di Mozart in Nr. 2: 'Figaro', Tanz aus der Finale des
> 3. Aktes, KV 492 Nr. 22 b.
>
> Parallelausgabe: Paris, Farrenc, und Titelauflagen davon bei den Ver-
> lagsnachfolgern.
> Neuausgaben: London, Wessel & Co. (ca. 1856). Braunschweig, Litolff.
> Bearbeitung: Für 2 Flöten: Paris, Richault, Titelauflagen davon bei
> den Verlagsnachfolgern.

Op. 58: 4 VARIATIONEN FÜR KLAVIER ZU 4 HÄNDEN über "Deh calma
o ciel" von Rossini

Komp. ca. 1823. Erstausgabe 1824

Manuskript: In der Königlichen Bibliothek, Kopenhagen.

Erstausgabe: "Deh calma o ciel'" / de l'Opéra: Otello de Ros-
sini / varié / Pour le Piano-Forte à quatre Mains / par /
Fréd. Kuhlau. / Oeuv. 58. / N? 116. Propriété de l'Editeur.
Prix: 16 gr. / Leipzig chez H. A. Probst.
- Plnr. 116 [1824]. 15 S. Querfolio. Stich.
> Thema: Rossini's 'Otello', Arie Desdemona's, 3. Akt Nr. 10.
> Titelauflage: Lpz., Kistner (nach 1836)
> Parallelausgabe: Paris, Farrenc.
> Bearbeitung: Für Flöte und Klavier bearb. von P. Wagner unter dem
> Titel 'Prière d'Otello' op. 58 bis. Paris, Richault/Costallat.

Op. 59: 3 SONATINEN FÜR KLAVIER. In A, F, C

Komp. ca. 1824. Erstausgabe Okt. 1824

Erstausgabe: Trois Sonates / faciles et brillantes / pour le /
Piano-Forte / composées par / Fred. Kuhlau. / Oeuv. 59. Suite
de l'Oeuvre 55. Pr. / Propriété de l'Editeur. / Hambourg chez
Auguste Cranz.
- Ohne Plnr. [Okt.1824]. 33 S. Querfolio. Stich.

> Neuausgaben: Hamburg, Cranz (1838), auch in Enzelausgaben. Kopenha-
> gen, J. Cohen (1855), Wilh. Hansen (c. 1864), Hofmusikhandelen (1883)
> Zahlreiche Neuausgaben in den Klassiker-Editionen der meisten grösse-
> ren Verlage; auch in Sammelausgaben mit op. 20 und op. 55.
> Bearbeitung: Für Flöte und Klavier bearb. von J. Clinton unter dem
> Titel 'Three Concertinos'; London, Wessel & Co. (ca. 1850)

Op. 60: 3 SONATINEN MIT VARIATIONEN FÜR KLAVIER. In F, A, C

Komp. ca. 1825. Erstausgabe ca. 1825.

THÊME DE ROSSINI

Erstausgabe: Trois Sonates / non difficiles / mêlées de trois
Thêmes variées / Pour le Pianoforte. / Composées et dédiées /
à / Monsieur le Baron Eric de Nolcken en Scanie / par / Fred.
Kuhlau. / Oeuv. 60. N⁰ Suite de l'Oeuvre 55 et 59. Pr. /
Propriété de l'Editeur. / Hambourg chez Aug. Cranz.
- Ohne Plnr. [ca. 1825]. Titel, 32 S. Querfolio. Stich.

> Themen: Aus Rossini's 'Armida'
> Nr. 1: 'Cara! per te quest' anima' - aus dem Duett im 1. Akt, Nr. 5
> Nr. 2: 'T'inganni, A noi sen viene' - aus dem Chor im 3. Akt, Nr. 12
> Nr. 3: 'Germano, a te richiede' - aus Scene und Chor, 1. Akt, Nr. 2.
> Note: Die Erstausgabe erschien auch in 3 Heften, mit denselben Plat-
> ten gedruckt, jedes Heft aber mit eigenem Titelblatt.
> Neuausgaben: Hamburg, Cranz. In Hochfolio. Kopenhagen, Wilh. Hansen
> (vor 1864) und Titelauflagen davon.

Teilausgabe: Trois Themes / de Rossini / variés / Pour le Pianoforte / par / F. Kuhlau. / Tiré de l'Oeuv. 60. Propriété
de l'Editeur. Pr. 20 Gr. / Hambourg chez A. Cranz.
- Ohne Plnr. [ca. 1825]. Titel, (18) S. Querfolio. Stich.

> Mit eigener Titelseite versehener Sonderabdruck aus der Erstausgabe
> S. 6-10, 15-19 und 26-32, unter Beibehaltung der Paginierung am o-
> bern Rand, mit Hinzufügung am untern Rand der Seitenzahlen dieser
> Ausgabe. Gleichzeitig mit der Erstausgabe erschienen.

Op. 61: 6 DIVERTISSEMENTS EN FORME DE VALSE FÜR KLAVIER

Komp. ca. 1824. Erstausgabe 1825

Erstausgabe: Six / Divertissements / en Forme de Walses /
pour le / Piano Forte / composés / par / F. Kuhlau. / Oeuv.
61. Propriété de l'Editeur. Pr. 14 Gr. / Hambourg chez A.
Cranz.
- Ohne Plnr. [1825]. 13 S. Querfolio. Stich.
　　Angezeigt in AmZ, Intelligenzblatt II, März 1825.
　　Neuausgaben: Kopenhagen, Wilh. Hansen (ca. 1866). Chr. E. Horneman
　　(1868); diese Ausgabe enthält Nr. 1, 2, 6, 4 und 5.

Op. 62: VARIATIONEN FÜR KLAVIER über 3 Themen aus C. M. von
Weber's 'Euryanthe'

　　Komp. ca. 1824. Erstausgabe Sept. 1824.

Erstausgabe: Introduction et Variations / pour le / Piano Forte / sur trois Thêmes / de l'Opera / Euryanthe de C. M. de
Weber. / Composés et dédiés / à / Mlle Josephine Siboni /
par / F. Kuhlau. / Oeuv: 62. Propriété de l'Editeur. No. /
Copenhague chez C. C. Lose.
- 3 Hefte. Ohne Plnr. [1824]. 18, 22, 19 S. Querfolio. Stich.
Angezeigt in AmZ, Intelligenzblatt IV, Mai 1825.

Themen: Nr. 1: 'Der Mai bringt frische Rosen dar' Jähns 291 Nr. 21
       Thema und 8 Variationen.
Nr. 2: 'Hin nimm die Seele mein!' Jähns 291 Nr. 13. Thema und 8 Var.
Nr. 3: 'Ja, es wallt mein Herz aufs neue' Jähns 291 Nr. 7. Thema und
       7 Variationen.
Titelauflagen: C. C. Lose und Verlagsnachfolger.

Op. 63: 6 VARIATIONEN FÜR FLÖTE UND KLAVIER über C. M. von
       Weber's 'Euryanthe'

       Komp. ca. 1824. Erstausgabe 1825

Erstausgabe: Introduction et Variations / sur la Romance de
l'Opera / Euryanthe de C. M. de Weber / "Unter blühenden Man-
delbäumen etc." / Pour le Piano=Forte et Flute obligée, /
composées / par / Frederic Kuhlau. / Oeuvre 63. Prix 20 Gr. /
a Leipsic, chez Frederic Hofmeister. / 1066.
- Plnr. 1066 [1825] Klavierstimme 15 S. Querfolio. Flötenstimme 6 S. Hochfolio. Lithographie.
Angezeigt in AmZ, Intelligenzblatt IV, Mai 1825.

Thema: Romance Adolars, Jähns 291 Nr. 2
Parallelausgabe: Paris, Farrenc; Titelauflage davon bei Verlagsnach-
folgern.
Neuausgaben: Paris, Richault (vor 1828). Braunschweig, Litolff (L.
Winkler) (um 1875) - mit op. 104 und 105. Kassel, Bärenreiter, ed.
H. P. Schmitz (1971)
Bearbeitung: Für Violine und Klavier, ed. E. Eliason; London, Wessel
& Co. (ca. 1856)

Op. 64: SONATE IN ES DUR FÜR FLÖTE UND KLAVIER

       Komp.   Erstausgabe 1825

INTRODUZIONE
Andante

13

THEMA
Andante
Fl.

FINALE
Allegro vivace

Fl.

5

p sostenuto

Erstausgabe: Grande Sonate / brillante / pour / Pianoforte et
Flute / composée et dédiée / a / Monsieur de Chambelan de
Kaas / Marechal de la Cour de S. A. R. le / Prince Fred: de
Danemarc / par / F. Kuhlau. / Oeuv: 64. Propriété de l'Edi-
teur. / Pr. I Rth: 18 Gr. / Hambourg et Altona chez A. Cranz.
- Ohne Plnr. [1825]. Klavierstimme: Titel, 31 S. Querfolio,
Flötenstimme 12 S. Hochfolio. Stich.
Kurze Besprechung in AmZ, Jhg. 28 Nr. 16, Sp. 272

Thema des Variationssatzes ist ein altdänisches Volkslied - wie hier
in der Flötenstimme S. 6 angeführt "Der strander et Skib mellem Fjord
mellem Mind". In der Musik zu "Elverhøj" ist es für die Romanze Eli-
sabeths verwendet (cf. op. 100 Nr. 6). Das überlieferte Volkslied
war von A. F. Winding aufgezeichnet vor 1825, es wurde aber erst 1842
von C. E. F. Weyse veröffentlicht in seiner Sammlung 'Halvtredsinds-
tyve gamle Kæmpevise Melodier' Bd. II Nr. 3.

Neuausgaben: Paris, Farrenc (vor 1829) und Titelauflagen davon bei
den Verlagsnachfolgern. Hamburg, Cranz (1848). London, Wessel & Co.
(ca. 1850). Heilbronn, C. F. Schmidt (R. Tillmetz) (1905)
Bearbeitung: Für Violine und Klavier: London, Wessel & Co., ed. E.
Eliason (ca. 1856)

Op. 65: LULU. Oper in 3 Akten von C. F. Güntelberg

Komp. 1823-24. Erstaufführung: Kopenhagen, Kgl. Theater 29/10-1824. Erstausgabe, Klavierauszug 1825.

Singende Personen: Sidi (Sopran). Vela (Sopran). Lulu (Tenor)
Ein Hirte (Tenor). Barca, ein Zwerg (Bariton). Dilfeng (Bass)
Vier Genien (Sopran und Alt). Chor der Hirten und Hirtinnen,
der Hexen, der Schwarzalfen, Nikken, und der Elementargeister.

Allegro assai con molto fuoco

Ouverture ff marc.

73

74

Manuskript: Die handschriftliche Partitur des Kgl. Theaters befindet sich in der Kgl. Bibliothek, Kopenhagen (C II, 115).

LIBRETTO:
Erstausgabe: Lulu. Tryllespil af Carl Frederik Güntelberg. Kjøbenhavn. Trykt paa Forfatterens Forlag, hos Andreas Seidelin. 1823. 101 S. 8vo.
Note: Schon am 28/8-1822 hatte Güntelberg seinen Text eingereicht und die Theaterdirektion hatte sich darüber lobend ausgesprochen. Am 28/1-1823 wurde dieser gedruckte Text vom Theater an Kuhlau übersandt. Während der Komposition wurde der Text verschiedenen Änderungen unterworfen.
Zweite Ausgabe: Lulu. Romantisk Opera af Carl Frederik Güntelberg. Kjøbenhavn. Trykt hos Directeur Jens Hostrup Schultz Kongelig og Universitets=Bogtrykker. 1824. 4 Bl, 110 S. 8vo.

Zum Operntext: Thrane schreibt S. 35 ff (dänisch S. 114 ff) ausführlich über den Werdegang der Oper, und er sagt: 'Lulu ist der ur-
sprüngliche Text zur 'Zauberflöte'. Mozart hatte bereits einen Theil
von 'Lulu' componirt, nämlich denjenigen, welchen wir nun als den
Anfang von der 'Zauberflöte' kennen ... Der Dichter Güntelberg hatte
sich mit viel Vorliebe mit dem Lulu-Sujet beschäftigt, welches er
der Erzählung 'Lulu' in Wieland's Märchen-Sammlung 'Dschinnistan'
entnommen hatte ...'

KLAVIERAUSZUG:
Erstausgabe: Lulu / romantische Oper in drei Aufzügen / von /
Güntelberg / in Musik gesetzt / von / Friedrich Kuhlau / (Ti-
telovale, szenische Darstellung) / [In Perlschrift:] Privl.
Hamb. Steindr. 1825 / Clavierauszug vom Componisten. / Eigen-
thum des Verlegers / Hamburg, bei Joh: Aug: Böhme.
- Ohne Plnr., 1825 erschienen. Titel, 1 Blatt (Personen und
Inhalt), 282 S. Querfolio. Stich. Text nur deutsch. - Auf der
gestochenen Titelseite die Titelovale in Lithographie (cf.
Note).
   Note: Der Klavierauszug erschien in Subskription Akt für Akt. Im Kopenhagener Tagesblatt 'Dagen' Nr. 199, 22/8-1825, wird zur Subskription eingeladen auf 'einen vom Komponisten selbst verfertigten voll-
   ständigen Klavierauszug mit deutschem Text ... versehen mit einem
   hübschen lithographischen Titel nach Zeichnung von Herrn Professor
   [C. V.] Eckersberg ...'In Nr. 224, 20/9-1825 heisst es, dass 'der
   zweite Akt jetzt erschienen ist'. - Im fertigen Klavierauszug haben
   Act II und III separate Titelblätter vor S. 116 und 216, - dies gilt
   aber nicht der dänischen Parallelausgabe.
   - Angezeigt in AmZ, Intelligenzblatt I, Januar 1826.
Parallelausgabe: Lulu / romantische Oper in drei Aufzügen /
von / Güntelberg / in Musik gesetzt / von / Friedrich Kuhlau /
(Titelovale wie Erstausgabe) / Eigenthum des Verlegers. / Cla-
vierauszug vom Componisten. / Copenhagen bei C. C. Lose. /
[In Perlschrift:] Privl. Hamb. Steindr. 1825.
- Inhaltlich genau wie die Erstausgabe, mit denselben Platten
gedruckt. Nur die Titelseite ist der dänischen Ausgabe eigen;
sie ist in Lithographie.
   Klavierauszug ohne Text: Lulu ... Für das Pianoforte allein. Voll-
   ständiger Klavierauszug ohne Text. Numero 32... Leipzig, Friedlein &
   Hirsch. Titel, 88 S. 4to. (ca. 1849).

OUVERTURE:
Erstausgabe, Klavier 2ms: Ouverture / de l'Opéra: / Lulu /
composée et arrangée / Pour le Piano-Forte / par / F. Kuhlau.
/ Propriété de l'Editeur. / Hambourg, chez Jean Aug. Böhme.
- Ohne Plnr. [1825]. Titel, 12 S. Querfolio. Stich. - Sepa-
ratabdruck aus dem Klavierauszug.
   Neuausgaben: Hamburg, Böhme und Cranz. Kopenhagen, Lose & Olsen und
   Verlagsnachfolger. Leipzig, Friedlein & Hirsch.
Erstausgabe, Klavier 4ms: Ouverture / pour le Pianoforte à 4
mains / de l'Opera / Lulu / composée et arrangée / par / F.
Kuhlau. / Op. 65. Propriété de l'Editeur. Pr. / Hambourg chez
A. Cranz.
- Ohne Plnr. [1825]. Titel, 21 S. Querfolio. Stich.

Neuausgaben: Hamburg, Cranz (in Hochfolio). Kopenhagen, H. Brix, (1869); Titelauflagen davon bei C. C. Lose und Verlagsnachfolgern.

Bearbeitung: Für Flöte und Klavier: London, John Green (1831).

EINZELAUSGABEN:
Für Gesang und Klavier: In 'Musikalsk Theater Journal' Jhg. 5, Bd. I (Kopenhagen, C. C. Lose, 1825) sind folgende Nummern mit dänischen Texten aufgenommen: Nr. 2, 3, 4a, 5, 6a, 6b, 7, 8, 9a, 10a, 13a und 17. - Sie erschienen auch als Einzelausgaben daraus; Titelauflagen bei den Verlagsnachfolgern.
Für Gesang und Guitarre: Nr. 6a, 6b, 7, 8, 9a, 10, 10a und 17 erschienen bei C. C. Lose; Titelauflagen bei den Nachfolgern.
Bearbeitungen: Pot=Pourri tiré de l'Opéra: Lulu de Kuhlau arrangée pour le Piano=Forte par H. Köhler. .. Hambourg, chez Jean Auguste Böhme. - Ohne Plnr. (ca. 1825) 15 S. Querfolio. Stich.
- Potpourri ou Solos d'après des Thêmes de l'Opéra Lulu, arr. par Milde (Flöte solo). Copenhague, C. D. Milde (ca. 1825)

Op. 66: 3 SONATINEN FÜR KLAVIER ZU 4 HÄNDEN. In F, C, G

Komp. ca. 1824. Erstausgabe 1825

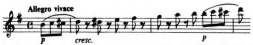

Erstausgabe: Trois / Sonates / non difficiles / pour le /
Pianoforte à quatre Mains / composées / par / Fred. Kuhlau. /
N° I [-III] Oeuv. 66. Pr. / Propriété de l'Editeur. / Hambourg chez A. Cranz.
- 3 Hefte. Ohne Plnr [1825] 41 S. (fortlaufend paginiert).
Querfolio. Stich.

Neuausgaben: Hamburg, Cranz (ca. 1836) in Hochfolio. Kopenhagen, Chr.
E. Horneman (1864). Wilh. Hansen (ca. 1866). Hofmusikhandelens Forlag (1883). Titelauflagen der Verlagsnachfolger.
Zahlreiche Ausgaben in Klassiker-Editionen verschiedener Verlage, -
auch in Bandausgaben mit op. 44.

Op. 67: 6 VIERSTIMMIGE GESÄNGE FÜR MÄNNERSTIMMEN

Komp.   Erstausgabe ca. 1825

STÄNDCHEN

Sanft und getragen, nicht schnell

Liebchen, Liebchen, schläfst du schon?
Elsk - te, faldt dit Ø - ie til?
Ro - ligt slum-re du, min Skat

A. Schumacher

DER TRINKER

Allegro

Der wei - se Di - o - ge-nes war
Den vi - se Di - o - ge-nes var
Di - o - ge-nes, vran-ten og stolt

J. H. Voss

Erstausgabe: [Stimmen] Sechs / Vierstimmige Gesänge / für /
Männerstimmen / componirt / von / F. Kuhlau. / Eigenthum - Op.
67. - des Verlegers. / Copenhagen, / bey / C. C. Lose.
- 4 Stimmbücher. Plnr. 1123 [ca. 1825]. Tenore Imo-IIdo, Basso Imo-IIdo. 11, 11, 11, 11 S. 4to. Lithographie.
   Titelauflage, '2te Auflage' (vor 1836) Eine deutschsprachige Partitur erschien nicht.

Erste Partiturausgabe: Sex Sange / for / fire Mandsstemmer /
af / F. Kuhlau. / -- / Partitur. / Op. 67. 64 Sk. / Forlæggerens Eiendom. / Kjøbenhavn. / C. C. Loses Bog- og Musikhandel
/ F. Borchorst).
- Plnr. 2561 [März 1873] 19 S. 4to. Stich. Hierzu auch Stimmen.

   Note: Die deutschen Texte stehen in der Erstausgabe, die 1873er
Ausgabe hat nur dänische Texte. Mit weit bekannteren dänischen Texten findet man die 6 Gesänge im Studenten-Commersbuch 'Flerstemmige
Sange for Mandsstemmer udgivne af Studentersangforeningen i Kjøbenhavn' (1873), cf. Nr. 233. - Vgl. auch Carl Thrane's Kuhlau-Biographie S. 42-44 (in der dänischen Ausgabe S. 122-124).

Op. 68: 6 DIVERTISSEMENTS FÜR FLÖTE, KLAVIER AD LIB.

   Komp. ca. 1825. Erstausgabe 1825

Adagio

1

Allegro

2

Andante con moto

3

p

Allegro con gusto

4

f

Erstdruck für Flöte solo: In: Ny / maanedlig Journal / for / Fløite Solo / Samlet og Forlagt / af / C. D. Milde. / i / Kjøbenhavn. / Bind. Hefte. - Kopftitel: Journal for Juny [bis November] Maaned 1825.

Erstausgabe [für Flöte solo, gleichzeitig erschienen] Six / Divertissements / pour la / Flûte / composés / par / F. Kuhlau. / Oeuv. 68. - Pr. / Propriété de l'Editeur. / Copenhague, / Chez C. D. Milde.
- Ohne Plnr. [1825] 26 S. Folio. Lithographie.

Erstausgabe [Klavierstimme] Six / Divertissements / pour la / Flûte / avec accompagnement / de / Piano Forte / ad libitum / composés / par / F. Kuhlau. / Oeuv: 68. - N⁰ / Propriété de l'Editeur. / Copenhague, / Chez C. D. Milde.
- Ohne Plnr. [1825]. Titel, 28 S. Folio. Lithographie.

Neuausgaben: Paris, Farrenc (vor 1830) und Titelauflagen bei den Verlagsnachfolgern. Hamburg, Cranz (ca. 1838). Braunschweig, Litolff. New York, IMC. Boston, Cundy-Bettoney.

Op. 69: SONATE IN G DUR FÜR FLÖTE UND KLAVIER

    Komp. ca. 1825. Erstausgabe ca. 1826

Erstausgabe: Grande Sonate / pour / Piano=Forte / et Flûte / composée par / F. Kuhlau. / Dediée à / Mr H. Sievers / par / l'Editeur. / Oouv: [!] 69. Propriété de l'Editeur. Pr. 1 Thlr. 8 gr: / Hambourg, / chez Jean Auguste Böhme.
- Ohne Plnr. [ca. 1826]. 21, 11 S. Querfolio. Stich.
    Kurze Besprechung in AmZ, Jhg. 28 Nr. 43, Sp. 708.
    Neuausgaben: Hamburg, Böhme (in Hochfolio). Paris, Farrenc und Titelauflagen davon bei Verlagsnachfolgern, Hamburg, Cranz (1850).-

London, Wessel & Co. (ca. 1856). Heilbronn, C. F. Schmidt (1908).
Bearbeitung: Für Violine und Klavier, ed. E. Eliason. London, Wessel
& Co. (ca. 1856)

Op. 70: 3 RONDOS FÜR KLAVIER ZU 4 HÄNDEN

Komp. ca. 1826. Erstausgabe 1826

Erstausgabe: Trois / Rondos / agréables / pour le / Pianoforte
à quatre mains / par / F. Kuhlau. / Oeuv. 70. № I [-III] /
Propriété de l'Editeur. Pr. 6 gr. / Hambourg chez A. Cranz.
- Ohne Plnr. [1826]. 3 Hefte mit fortlaufender Paginierung.
15 S. Titelblatt II und III vor Seite 6 und 11 eingeschoben.
Querfolio. Stich.
Kurze Besprechung in AmZ, Jhg. 29 Nr. 8, 21/2-1827, Sp. 144.
Neuausgaben: Paris, Farrenc/Richault (vor 1829). Hamburg, Cranz (in
Hochfolio). Kopenhagen, Wilh. Hansen (ca. 1864 und ca. 1890). Hof-
musikhandelen (1883). - Auch in mehreren Einzelausgaben.

Op. 71: SONATE IN E MOLL FÜR FLÖTE UND KLAVIER

Komp.   Erstausgabe 1826

Erstausgabe: Grande Sonate / pour le / Piano Forte / et Flûte obligée / composée er dédiée à son ami / Monsieur J. Sellner / Professeur au Conservatoire de musique à Vienne / par / Fred. Kuhlau. / Op: 71. Prix 6 Fr^s / Bonn chez N. Simrock. / Paris chez A^{de} Farrenc. / Propriété des éditeurs. / 2426.
- Plnr. 2426 [1826]. 25, 13 S. Folio. Stich.
Angezeigt in AmZ, Intelligenzblatt XIV, Oktober 1826.
Parallelausgabe: Paris, Farrenc; Titelauflage davon bei den Verlags-nachfolgern.
Neuausgaben: London, Wessel (ca. 1856). Heilbronn, C.F.Schmidt (1905)
Bearbeitung: F. Violine und Klavier, ed. E. Eliason. London, Wessel & Co. (ca. 1856)

Op. 72a: 9 VARIATIONEN FÜR KLAVIER ZU 4 HÄNDEN über Beetho-ven's "Herz, mein Herz, was soll das geben?"

Komp. ca. 1826. Erstausgabe 1826.

TEMA

Erstausgabe: Air de L. van Beethoven / Herz, mein Herz, was soll das geben? / varié pour le / Piano Forte / à quatre mains / par / F. Kuhlau. / Op: 72. Prix 3 Francs. / Bonn et Cologne chez N. Simrock. / Paris chez A^{de} Farrenc. / Propriété des é-diteurs. / 2382.
- Plnr. 2382 [1826]. 15 S. Querfolio. Stich. Die Titelseite ist auf Sonnenstrahl-Hintergrund in blauer Farbe gedruckt.
Angezeigt in AmZ, Intelligenzblatt XIV, Oktober 1826.

Thema: Beethovens Lied 'Neue Liebe, neues Leben' von Goethe, op. 75 Nr. 2.
Parallelausgabe: Paris, Farrenc

Op. 72b: 3 GESÄNGE MIT KLAVIER

Komp. 1821-23. Erstausgabe 1823

DIE MITTERNACHTSSTERNE

F. Cranz

DER STERBENDE

Ziemlich langsam

Schon le - gen sich die Wel - len
De sagt - nes alt, de Bol - ger

v. F. Höegh Guldberg. Aus dem
Dänischen übersetzt vom Hn. v. B.

Erstausgabe: Drey / Gesänge / in Musik gesetzt / mit Beglei-
tung des Pianoforte / von / F. Kuhlau. / S Werk, 5te Samm-
lung Lieder. / Eigenthum des Verlegers. / Hamburg bei A. Cranz
- Ohne Plnr. [1823] 9 S. Querfolio. Stich.
Angezeigt in AmZ, Intelligenzblatt IV, Juni 1823.
Besprechung in AmZ, Jhg. 25 Nr. 52, 24/12-1823, Sp. 871 f.

Zur Herausgabe: Die Erstausgabe trägt keine Opuszahl, auch nicht ist
sie in der Anzeige in AmZ angegeben. Im Verlagsverzeichnis von Kuh-
laus Werken auf der Rückseite von 'Musikalischer Ehrentempel', 1.
Jahrgang, Heft 23 (ca. 1831) wie in späteren Cranz-Katalogen hat die
Sammlung die Opusnummer 72. Zweifellos rührt die Nummer nicht von
Kuhlau her.
Die Lieder Nr. 1 und 3 waren schon vorher in Kopenhagen mit den ur-
sprünglichen dänischen Texten gedruckt:

Erstdruck Nr. 1: In 'Nye Apollo' Jhg. 7, Bd. I, S. 43-45.
(1821)
Erstausgabe Nr. 1: Stiernemidnatten / Digt / af / Professor /
F. Höegh Guldberg / componered / for / Pianofort (!) / af /
F. Kuhlau. / Kiöbenhavn hos C. C. Lose.
- Ohne Plnr. [1821]. Titel, S. 43-45. Querfolio. Stich. - Se-
paratausgabe aus obigem Periodicum mit eigenem Titelblatt.

Erstdruck Nr. 3: In 'Nye Apollo' Jhg. 7, Bd. I, S. 2-3 (1821)
Erstausgabe Nr. 3: Den Döende / af / F. Höegh Guldberg / com-
ponered for / Pianoforte / af / F. Kuhlau / Kiöbenhavn hos C.
C. Lose.
- Ohne Plnr. [1821]. 3 S. Querfolio. Stich. - Separatausgabe
aus obigem Periodicum mit eigenem Titelblatt.

Die Erstausgaben sind angezeigt in 'Adresseavisen', Kph. 9/2-1821.

Neuausgabe: In Romancer og Sange (cf. Nr. 232), Bd. II, S. 19, 15,
13, - und als Einzeldrucke daraus.

Op. 73: 3 RONDOS FÜR KLAVIER über Opern-Melodien

Komp. ca. 1826. Erstausgabe 1826

Erstdrucke: In 'Nye Apollo' - Nr. 1: Jhg. 11, II, S. 56-64.
Nr. 2: Jhg. 12, I, S. 2-10. Nr. 3: Jhg. 12, I, S. 34-44. -
Kopenhagen, C. C. Lose (1826)

Erstausgabe: Drei leichte Rondos / über beliebte Opern Melodien / für's / Piano-Forte / componirt von / F. Kuhlau. / Op.
73. 3te Lieferung über Opern Melodien. N⁰ 1 (-3) / Eigenthum
des Verlegers. / Copenhagen, bei C. C. Lose.
- 3 Hefte. Ohne Plnr. [1826]. 9, 9, 11 S. Querfolio. Stich.
Separatabdrucke aus obigem Periodicum.

Themen und Kopftitel: in 'Nye Apollo' wie in der Erstausgabe:
Nr. 1: 'Rondo over et Thema af Operaen Sneen'. - Thema aus Auber's
Oper "La Neige"
Nr. 2: 'Rondo over et Thema af Barberen i Sevilla'. Thema aus der
Finale des ersten Aktes von Rossinis "Barbier von Sevilla"
Nr. 3: 'Rondo over et Thema af Barberen i Sevilla'. Das Thema ent-
stammt aber Rossini's Oper "La gazza ladra" (Der diebische Elster).

Titelauflagen: C. C. Lose und Verlagsnachfolger.
Neuausgabe: Paris, Farrenc (vor 1829)

Op. 74: WILLIAM SHAKESPEARE. Schauspiel von C. J. Boye

Komp. 1825-26. Erstaufführung: Kopenhagen, Kgl. Thea-
ter28/3-1826. Erstausgabe: Ouverture 1826, Klavierauszug 1873.

Manuskript: Die Partitur des Kgl. Theaters ist jetzt im Be-
sitz der Kgl. Bibliothek, Kopenhagen, die auch die Partitur
zu der Ouverture in Abschrift hat, - am Schluss mit folgender
Angabe:"Abgeschrieben d. 19. August 1837 von Niels W. Gade
nach den Orchesterstimmen", - in Gade's Handschrift.

Libretto, Erstausgabe: C. J. Boye. William Shakespeare, romantisk Skuespil i 4 Acter. Kjøbenhavn, 1826. Schultz. 136 S. 8vo

Erstausgabe, Klavierauszug: Fr. Kuhlau. / Musik / til / William Shakespeare, / romantisk Skuespil af C. J. Boye. / Op. 74.
/ Fuldstændigt Klaver-Udtog / af Otto Malling. / Kjøbenhavn. /
Samfundet til Udgivelse af dansk Musik. / 1873. / III.
- Titel, 5 Bl., 47 S. Folio. Stich. - Die Ausgabe ist mit einer Biographie Kuhlau's von Georg St. Bricka und mit Porträtovale vom Komponisten versehen.

OUVERTURE:

Für Orchester, Erstausgabe: Ouverture / de l'Opera: / William
Shakespeare / à grand Orchestre / composée / par / Fr. Kuhlau.
/ Propriété de l'Editeur. / Leipzig / au Bureau de Musique de
C. F. Peters. / Pr. 3 Rth. / Enregistré dans l'archive de
l'Union.
- 22 Stimmen. Plnr. 2137 [1831]. Stich, Titel lithographisch.
  Angezeigt in AmZ, Intelligenzblatt III, Mai 1831.
  Besetzung: Violino I-II, Viola, Violoncello e Basso. Flauto I-II e
  piccolo, Oboe I-II, Clarinetto I-II in C, Fagotto I-II. Corno I-II
  in F, Corno I-II in C, Tromba I-II in C, Trombone Basso. Timpani in
  C. G., Triangolo, Tamburo grande e Piatti.
Für Orchester, Neuausgabe, zugleich erste Partiturausgabe:
Fr. Kuhlau. Ouverture til William Shakespeare ... Partitur.
Samfundet til Udgivelse af dansk Musik. 3. Serie Nr. 57.1936.
- 55 S. Folio. - Mit kurzer Revisionsbericht vom Herausgeber
Sven Lunn, M. A. - Hierzu erschienen gleichzeitig revidierte
Stimmen.
Für Klavier 4ms, Erstausgabe: Ouverture / aus dem Schauspiele
/ William Shakspeare / für / Piano-Forte / zu vier Hände (!) /
von / Fried Kuhlau. / 74tes Werk. / Eigenthum des Verlegers. /
Copenhagen bey C. C. Lose.
- Ohne Plnr. [1826]. 27 S. Querfolio. Stich.
  Neuausgaben: London: J. B. Cramer, Addison & Beale (ca. 1827?). Ko-
  penhagen, C. C. Lose (F.Borchorst) (1872) und Nachfolger.

Einzelausgaben: Nr. 4 in 'Musikalsk Theater Journal' Jhg. 9, Bd. II,
Kopenhagen, C. C. Lose (1833), - auch als Separatausgabe.
Nr. 3, für Klavier, in 'Musikalsk Anthologie', Jhg. 3. (1858)

Bearbeitung: Potpourri pour le Pianoforte d'après de Thèmes favoris
de l'Opéra: Guillaume Shakspeare, Musique de F. Kuhlau. .. Copenhague
chez C. C. Lose. - Ohne Plnr. (1833) 13 S. Querfolio. Stich. - Separatabdruck aus 'Odeon', Jhg. 6, Bd. I (1833) mit Kopftitel: Potpourri af William Shakespeare af F: Kuhlau. ar: af F: Keyper.

Note: Cf. Thrane S. 74 und 76 ff (dänisch S. 161, 164 ff).

Op. 75: VARIATIONEN FÜR KLAVIER ZU 4 HÄNDEN
über Beethoven's "Der Wachtelschlag"

Komp. ca. 1826. Erstausgabe 1826/27

Erstausgabe: Der Wachtelschlag. / Musik von Beethoven. / Variirt für's Fortepiano zu vier Händen / und / unterthänigst
gewidmet / Ihrer / Königl: Hoheit der Kronprinzessin / Caroline von Dännemark / von / F. Kuhlau. / Op: 75. Eigenthum des
Verlegers. Pr. 1 Rth. / Hamburg und Altona bei A. Cranz.
- Ohne Plnr. [1826/27]. 25 S. Querfolio. Stich.

Thema: Beethovens Lied 'Der Wachtelschlag', WoO 129.
Diese Variationsreihe ist nicht bei Kinsky-Halm angeführt.
Neuausgabe: Paris, Farrenc (vor 1829)

Op. 76: 8 VARIATIONEN FÜR KLAVIER ZU 4 HÄNDEN
über Beethoven's "Lebensglück"

Komp. ca. 1826. Erstausgabe 1827

Erstausgabe: Lebensglück / Musik von Beethoven. / Variirt
für's Fortepiano zu vier Händen / Ihrer / Königl: Hoheit der
Kronprinzessin / Caroline v. Dännemark / unterthänigst gewid-
met / von / F. Kuhlau / Op: 76 Eigenthum des Verlegers. Pr. /
Hamburg und Altona bei A. Cranz.
- Ohne Plnr. [1827]. 25 S. Querfolio. Stich.

Thema: Beethovens Lied 'Das Glück der Freundschaft', Opus 88.
- "In dem schon Ende 1803 bei Hoffmeister & Kühnel in Leipzig er-
schienenen Nachdruck ist das Lied "Lebensglück' betitelt"; Kinsky-
Halm S. 245.

86

Note: Diese Variationen sind bei Kinsky-Halm nicht angeführt, wohl aber das Rondoletto op. 117 Nr. 1 über dasselbe Thema.
Neuausgabe: Paris, Farrenc (vor 1829)

Op. 77: 8 VARIATIONEN FÜR KLAVIER ZU 4 HÄNDEN
über Beethoven's "Sehnsucht"

Komp. ca. 1826. Erstausgabe 1827

THEMA

Erstausgabe: Sehnsucht. / Musik v. Beethoven. / Variirt für's Fortepiano zu vier Händen. / Ihrer / Königl: Hoheit der Kronprinzessin / Caroline von Dännemark / unterthänigst gewidmet / von / F. Kuhlau. / Op: 77. Eigenthum des Verlegers. Pr. 14 Gr. / Hamburg und Altona bei A. Cranz.
- Ohne Plnr. [1827]. 15 S. Querfolio. Stich.

Thema: Beethoven's "Lied aus der Ferne", WoO 137.
Note: Kinsky-Halm verzeichnet S. 604 f. die Variationsreihe und auch Kuhlau's Rondoletto op. 117 Nr. 3 über dasselbe Thema.
Neuausgabe: Paris, Farrenc.

Op. 78: 2 GEDICHTE VON CASTELLI FÜR GESANG UND KLAVIER

Komp.   Erstausgabe ca. 1827

DER SITZ DES HERZENS

Erstausgabe 1: Der Sitz des Herzens / Gedicht v. Castelli. / In Musik gesetzt / Mit Begleitung des Pianoforte / von / F. Kuhlau. / 78 Werk N⁰ I. Eigenthum des Verlegers. Pr. / Hamburg bei A. Cranz.
- Ohne Plnr. [ca. 1827]. 7 S. Querfolio. Stich.

Erstausgabe 2: Lied der Entsagung. / Gedicht von Castelli. / In Musik gesetzt / Mit Begleitung des Pianoforte / von / F. Kuhlau. / 78 Werk. N⁰ 2. Eigenthum des Verlegers. Pr. 6 Gr./ Hamburg bei A. Cranz.
- Ohne Plnr. [ca. 1827]. 7 S. Querfolio. Stich.

Neuausgabe: In Romancer og Sange (cf. Nr. 232), Bd. I, S. 71 und 66; auch als Einzelausgaben erschienen. Die dänischen Übersetzungen entstammen dieser Ausgabe.

Op. 79: 3 SONATEN FÜR VIOLINE UND KLAVIER. In F, a, C

Komp. ca. 1827. Erstausgabe 1827

Erstausgabe: Trois / Sonates / pour le / Piano=Forte et Violon / composées et dédiées / à son ami / A. Pihl / par / F. Kuhlau. / Oeuv. 79 / Propriété de l'Editeur. No 1 (-3) / Copenhague chez C. C. Lose.
- Ohne Plnr. [1827] 3 Hefte. Klavierstimmen je Titel, 15 S. Querfolio, Violinestimmen je 4 S. Hochfolio. Stich.

Titelauflage: C. C. Lose und Verlagsnachfolger.
Neuausgabe: Paris, Farrenc.
Bearbeitung: Für Flöte und Klavier: Paris, Richault.

Op. 80: 3 DUOS FÜR 2 FLÖTEN. In G, C, e

Komp. ca. 1826. Erstausgabe 1827/28

Erstausgabe: Trois / Duos / pour / deux Flûtes / Composés /
par / Fred. Kuhlau. / Op: 80. Prix 6 Francs. / Bonn chez N.
Simrock. / Paris chez A^{de} Farrenc. / Propriété des éditeurs./
2531. 2532.
- 2 Stimmen. Plnr. 2531 [1827/28] 19, 19 S. Folio. Stich.
Angezeigt in AmZ, Intelligenzblatt II, Februar 1828.
Parallelausgabe: Paris, Farrenc, Titelauflagen bei Verlagsnachfolgern

<u>Neuausgaben</u>: Braunschweig, Litolff (1875). Leipzig, Peters (1878)
New York, Carl Fischer. IMC. Boston, Cundy-Bettoney. Milano, Ricordi.
<u>Partitur</u>, handschriftlich ausgefertigt, in Musikvidenskabeligt In-
stitut, Universitetet, Aarhus.
<u>Bearbeitungen</u>: Für Flöte und Violine: Paris, Richault. - Für Flöte
und Klavier: Paris, Richault und Verlagsnachfolger.

Op. 81: <u>3 DUOS FÜR 2 FLÖTEN</u>. In D, F, g

    Komp. ca. 1826. Erstausgabe 1827/28

<u>Erstausgabe</u>: Titelseite identisch mit Op. 80, mit handschrift-
licher Abänderung von '80' in '81'
- 2 Stimmen. Plnr. 2532 [1827/28] 17, 17 S. Folio. Stich.

90

Op. 82: 9 VIERSTIMMIGE GESÄNGE FÜR MÄNNERSTIMMEN A CAP.

Komp. 1826. Erstausgabe 1828

WALDESSPRACHE

Ein Flüstern, Rauschen, Klin - gen

L. M. Fouqué

GELEGENHEIT

Lu - sti - gen Sai - ten - klang
Træt - ter dig Li - vets Strøm

A. Schumacher

DER ABEND

Der A - bend schlei - ert Flur und Hain
Nys skyg - ged o - ver Mark og Lund

Matthison

BERGLIED

Auf Ber - gen, da woh - net das Le - ben
I Sko - ven gaar Li - vet an - dan - te

Ackermann

MINNELIED

Mir ge - fällt ein blon - des Haar

L. M. Fouqué

REITERS AUSFAHRT

Auf, es ist ent - schie - den
Kækt i Ver-den dra - ger

L. M. Fouqué

ALONZO. ROMANZE

'O Se - no - ra, süs - se Lie - be

L. M. Fouqué

SCHIFFERLIED

Nicht zu schnell

8

mf Mor - gen ist er - stan - den
So - len lang - somt sti - ger

L. M. Fouqué

DIE WOLKE

Langsam und getragen

9

p

Wol - ken ver - dun - keln uns oft des Le - bens

L. M. Fouqué

Erstausgabe: IX / vierstimmige Gesänge / für Männerstimmen / Componirt und / dem Coppenhagener Studenten=Vereine / gewidmet von / Fried. Kuhlau. / Op: 82. Preis 4 Fr. / Bonn bei N. Simrock. / Eigenthum des Verlegers. / 2582.
- 4 Stimmen. Plnr. 2582 [1828]. 12, 12, 12, 12 S. 4to. Stich.
Angezeigt in AmZ, Intelligenzblatt III, März 1828.
Partitur nicht erschienen.
Neuausgabe: Nr. 2, 3, 4, 6, 8 und 9 – mit dänischen Texten – in 'Flerstemmige Sange for Mandsstemmer udgivne af Studentersangforeningen i Kjøbenhavn' (1873), cf. Nr. 233.
Vgl. auch Carl Thranes Kuhlau-Biographie S. 42-44 (in der dänischen Ausgabe S. 122-124)

Op. 83: 3 SONATEN FÜR FLÖTE UND KLAVIER. In G, C, g

Komp. ca. 1826. Erstausgabe 1827/28

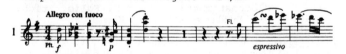

Allegro con fuoco

1

Pft. *f*   *p*   *espressivo*

VARIATIONS SUR UN ANCIEN AIR SUÉDOIS

INTRODUZIONE   TEMA

Fl.

Pft.   *P*

Allegro   Fl.

Pft. *p*   *sf*   *sf*   *dolce*

Adagio sostenuto   Fl.

Pft. *P*   *P dolce*

Adagio   Fl.

2

Pft.   *con affetto*   *cresc.*

f marcato

Erstausgabe: Trois / Grandes Sonates / pour le / Piano Forte/
et Flûte obligée / composées / par / Fred. Kuhlau. / Op: 83.
N⁰ I [-III] Prix 4 Frˢ / Bonn chez N. Simrock. / Paris chez
A. Farrenc. / 2500. 2501. 2520.
- Stimmen. Plnr. 2500, 2501, 2520 [1827/28]. Klavierstimmen:
21, 17, 17 S., Flötenstimmen: 8, 8, 8 S. Folio. Stich.
Angezeigt in AmZ, Intelligenzblatt III, März 1828.
Parallelausgabe: Paris, Farrenc.
Titelauflagen: Simrock und Verlagsnachfolger Farrenc's.
Neuausgaben: London, Wessel & Co. (ca. 1850). Heilbronn, C.F.Schmidt.
(1901). Heidelberg, Süddeutscher Musikverlag: Nr. 1-2 (1966).
Bearbeitung: Für Violine und Klavier, ed. E. Eliason. London, Wessel
& Co. (ca. 1856).

Op. 84: 3 RONDOS FÜR KLAVIER über Opern-Melodien

    Komp. 1827. Erstausgabe 1827

Manuskript: In der Königlichen Bibliothek, Kopenhagen: Nr. 2.

Erstdruck: In 'Odeon' Jhg. 1, Bd. I. - Nr. 1: S. 8-15. Nr. 2: S. 35-43. Nr. 3: S. 26-33. Kopenhagen, C.C.Lose [1827]

Erstausgabe: Drei leichte Rondos / über / beliebte Opern-Melodien / für's / Piano-Forte / componirt von / F. Kuhlau. / 4te Lieferung über Opern-Melodien. / Op 84 - Eigenthum des Verlegers - N⁰ 1 [-3] / Copenhagen bey C. C. Lose. - 3 Hefte. Ohne Plnr. [1827]. 9, 11, 13 S. Querfolio. Stich. Separatabdrucke aus obigem Periodicum.

Themen und Kopftitel: In 'Odeon' wie in der Erstausgabe:
Nr. 1: 'Rondo over et Thema af "Den hvide Dame"'. Thema: Boieldieu: "Die weisse Dame", Schottischer National-Gesang 'Jubelklang, Jubelklang', Nr. 16
Nr. 2: Rondo over en Canzonette af "den hvide Dame". Thema: Boieldieu: "Die weisse Dame", Romanze Margarethes 'Spinne arme Margarethe', Nr. 9
Nr. 3: Rondo over en yndet Romance af Syngestykket Muurmesteren (Le maçon). Thema: Auber: "Maurer und Schlosser", Rondeau 'Bon ouvrier' - 'Arbeiter, sieh!' Nr. 2

Titelauflagen: C. C. Lose und Verlagsnachfolger
Neuausgaben: Hannover, Bachmann (1827). Hamburg, Cranz.

Op. 85: SONATE IN A MOLL FÜR FLÖTE UND KLAVIER

Komp.   Erstausgabe 1827

RONDO

Erstausgabe: Grande Sonate / Concertante / pour / Piano et Flûte / composée / par / F. Kuhlau / Op. 85 / N⁰ 2684. Propriété des Editeurs. / Enregistré aux Archives de l'Union. /

Pr. 2 Fl. 42 kr. / Mayence / chez les fils de B. Schott.
- Plnr. 2684 [1827]. 27, 13 S. Folio. Stich.
Angezeigt in AmZ, Intelligenzblatt IV, März 1828.
Kurze Besprechung in AmZ Jhg. 31 Nr. 23, 10/6-1829, Sp. 388.
Neuausgabe: London, Wessel & Co. (ca. 1856). Heilbronn, C. F.Schmidt
(R. Tillmetz) (1908).
Bearbeitung: Für Violine und Klavier, ed. E. Eliason. London, Wessel
& Co. (ca.1856)

Op. 86: 3 TRIOS FÜR 3 FLÖTEN. In e, D, Es

Komp. ca. 1826-27. Erstausgabe 1827

RONDO
Allegro non tanto

p con grazia

Erstausgabe: Trois Grands Trios / pour / Trois Flûtes / composés et dédiés / trés humblement / Å / son Excellence / Monsieur de Hauch / Grand Maréchal de la Cour / de sa Majesté le Roi de Danemarc etc: etc: / par / F. Kuhlau. / Propriété de l'Editeur. / Oeuv: 86. N⁰ 1 [-3]. N⁰ 2450. / Hambourg / chez Jean Aug: Böhme.
- 3 Stimmbände. Plnr. 2448, 2450, 2451 [1827]. 38, 34, 31 S. Folio. Stich. - Flöte I S. 38 unten: "Gestochen von L: Graf."
Angezeigt in AmZ, Intelligenzblatt XIV, December 1827.
Parallelausgabe: Paris, Farrenc.
Titelauflagen davon bei den Verlagsnachfolgern
Bearbeitung: Für 2 Flöten, als Op. 86 bis, Paris, Richault und Nachfolger.
Partitur zu Nr. 3, handschriftlich ausgefertigt, in Musikvidenskabeligt Institut, Universitetet, Aarhus.

Op. 87: 3 DUOS FÜR 2 FLÖTEN. In A, g, D

   Komp. ca. 1827. Erstausgabe 1827

Erstausgabe: Trois / Grands Duos / concertans / pour deux
Flûtes / composés et dédiés à son Ami / P. F. Thornam / Con-
seiller de la chancellerie / par / F. Kuhlau / Oeuvre 87. /
Nº 2696. Propriété des Editeurs Pr 4 Fl. 30 Xr. / Mayence
chez les fils de B. Schott. / Paris chez les fils de B.Schott
place des Jtaliens nº 1. / Anvers chez A. Schott.
- 2 Stimmbände. Plnr. 2696 [1827]. 33, 29 S. Folio. Stich.
Angezeigt in AmZ, Intelligenzblatt XIV, December 1827.
Besprechung in AmZ, Jhg. 30 Nr. 47, 19/11-1828, Sp. 791 f.
Neuausgaben: Paris, Farrenc (vor 1828). Titelauflagen davon bei den
Verlagsnachfolgern. Braunschweig, Litolff (1875). New York, I M C.
Boston, Cundy Bettoney.

Op. 88: 4 SONATINEN FÜR KLAVIER. In C, G, a, F

Komp. 1827. Erstausgabe 1827

RONDO ALLA POLACCA

Zur Entstehung: Thrane berichtet S. 54 (dänisch S. 136): So erhielt
er einmal vom Musikverleger C. C. Lose die Aufforderung, ihm in aller
Eile einige Bagatellen zu componiren, ähnlich wie seine früheren Sonatinen Op. 55, so dass sie nicht eine bestimmte Anzahl Octavseiten
überschreiten sollten. Kuhlau schrieb gerade an der Oper "Hugo und
Adelheid", aber im Laufe von 24 Stunden waren die Sonatinen fertig,
wie sie Lose gewünscht hatte, und das sind die Sonatinen, Op. 88,
welche, wie Op. 55, heutigen Tags in den Händen jedes beginnenden
Klavierspielers sich befinden.

Erstausgabe: Quatre / Sonatines / faciles et doigtées / pour
le Pianoforte / composées par / F. Kuhlau / Oeuvre 88. Propriété de l'Editeur. Nọ 1 [-4] / Copenhague, chez C. C. Lose.
- 4 Hefte. Ohne Plnr. [1827] 25 S. Querfolio. Stich. - Fortlaufend paginiert, die Hefttitel sind vor S. 8, 14 und 20 ein-
geschaltet.

Titelauflagen: C. C. Lose und Verlagsnachfolger.
Neuausgaben: Paris, Farrenc (1828), Parallelausgabe. Dies gilt ver-
mutlich auch der von Bachmann in Hannover in AmZ, Intelligenzblatt
XIII, September 1828, angezeigten Ausgabe. - Kopenhagen, Lose & Del-
banco (1851) in Hochfolio; Titelauflagen der Verlagsnachfolger. -
Mehrere Ausgaben in Klassiker-Editionen verschiedener Verlage.
Teilausgabe: 4 Rondeaux faciles tirés de 4 Sonatines ... Kopenhagen,
C. C. Lose (1831); Titelauflagen der Verlagsnachfolger. - Parallel-
ausgabe davon bei Farrenc in Paris unter dem Titel '4 Rondeaux mig-
nons'.
Bearbeitungen: 4 Sonatines ... m. Violin ad lib. Kopenhagen, C. C.
Lose (1829). - Parallelausgabe: Paris, Farrenc (1829). - Neuausgabe:
London, Wessel & Co. (ca. 1856)
Teil-Bearbeitung: a) Quatre Rondeaux faciles, composés par Fr. Kuhlau, tirés de l'oeuvre 88 et arrangés pour le Piano Forte à quatre
mains par Antoine Keyper. .. Copenhague, chez C. C. Lose & Olsen.
(1839). 15 S. Folio. Stich. - Titelauflagen der Verlagsnachfolger.
- b) Allegro burlesco a-moll aus op. 88 Nr. 3, für den Konzertvor-
trag frei bearbeitet von Max Reger. London, Augener (1896).

Op. 89: 8 VIERSTIMMIGE GESÄNGE FÜR MÄNNERSTIMMEN A CAP.

Komp. ca. 1826. Erstausgabe 1828/29

SELINDE

Schön ist Se - lin - de , schön, wenn sie lächelt,
Skjøn er Se - lin - de skjøn naar hun smi-ler

LEBENSGLÜCK

Der lebt ein Le - ben won - nig - lich.

BEIM WEINE

Brü - der! seht den Saft der Re - ben,

F. Ziegler

IN DER FREMDE

Ein - sam? ein - sam? Nein, das bin— ich nicht

Th. Hell

AMOR

Mäd - chen, ler - net A - morn ken - nen
Kjen - der du, min smuk - ke Pi - ge

Uz

SERENADE

Die Pap - pel-zwei - ge rau - schen!

C. W. Karnstädt

DIE NACHT

Du ver - störst uns nicht, o   Nacht!

Uz

ROMANZE VOM ZERBROCHENEN TEUFEL

Als der Teu - fel her - un - ter vom Him - mel fiel

Langbein

Erstausgabe: Acht / vierstimmige Gesänge / für / Männerstimmen / componirt / von / Friedr. Kuhlau. / 89tes Werk. / Preis
4 Frs. / Bonn bei N. Simrock. / Eigenthum des Verlegers. /
2667.
- 4 Stimmen. Plnr. 2667 [1828/29]. 13, 13, 13, 13 S. 4to.
Stich.
    Angezeigt in AmZ, Intelligenzblatt XII, Juli 1829.
    Partitur nicht erschienen.
    - Nr. 1 und 5 mit dänischen Texten in 'Flerstemmige Sange for Mands-
stemmer udgivne af Studentersangforeningen i Kjøbenhavn' (1873);
cf. Nr. 233.

Note: Nr. 2: Lebensglück 'Der lebt ein Leben wonniglich' von einem
unbekannten Dichter; Beethoven's Komposition zu diesem Text, op.
88 "Das Glück der Freundschaft", variierte Kuhlau zweimal, in op.
76 für 4händiges Klavier und in op. 117 Nr. 1 als Rondoletto für
Klavier solo.

Op. 90: TRIO IN H MOLL FÜR 3 FLÖTEN

Komp. ca. 1826. Erstausgabe 1828

Allegro non tanto

Fl. I

p con espress.

SCHERZO
Allegro molto
Fl. I

f

Adagio
Fl. I

p

FINALE
Allegro poco agitato

p

Erstausgabe: Grand Trio / Pour / trois Flûtes / Composé Par /
F. Kuhlau. / Oeuv: 90. / Prix: / à Paris, / Chez les Fils de
B. Schott, Place des Italiens, N.º 1. / ... 2847.
- 3 Stimmen. Plnr. 2847 [1828]. 9, 7, 7 S. Folio. Stich.
Angezeigt in AmZ, Intelligenzblatt XXI, December 1828.
Neuausgabe: Mainz, Schott (1861). Paris, Richault, und Titelauflagen
davon bei den Verlagsnachfolgern.
Bearbeitung: Für 2 Flöten: Paris, Richault, und Titelauflagen bei
den Verlagsnachfolgern.
Partitur: Handschriftlich ausgefertigt, in Musikvidenskabeligt Insti-
tut, Universitetet, Aarhus.

Op. 91: 11 VARIATIONEN FÜR KLAVIER
über "Och liten Karin tjente"

Komp. ca. 1828. Erstausgabe 1828

TEMA
Andante

p sostenuto

Erstausgabe: Variations / pour le Pianoforté / sur l'ancien
air suédois: / "Och liten Karin tjente wid unga Kungens gård /
dédiées / à / Mademoiselle Sophie Jacobson / à Gothenbourg /

100

par / Fréd. Kuhlau. / Op. 91. / N.º 396. Propriété des Edi-
teurs. Prix: 16 gr. / Leipzig, chez H. A. Probst. / Copen-
hague, chez C. C. Lose.
- Plnr. 396 [1828] 15 S. Querfolio. Stich, Titel jedoch in
Litographie.
Angezeigt in AmZ, Intelligenzblatt XV, Oktober 1828.

Thema: Das variierte schwedische Volkslied findet sich in der Musik-
beilage zu 'Svenska Folkvisor från Forntiden' utgifna af E. G. Geijer
och A. A. Afzelius, I, Stockholm 1814. - In Dänemark ist es auch bekannt, und zwar als 'Og hør Du liden Karen! og vil Du være min?',
cf. Nyerup og Rahbek: Udvalgte Danske Viser, III, S. 397. København
1813, hier aber ohne Melodie.

Titelauflagen: Leipzig, Kistner. Kopenhagen, Lose & Delbanco.
Parallelausgabe: Paris, Farrenc (vor 1830)

Op. 92: LES CHARMES DE COPENHAGUE. RONDO FÜR KLAVIER

Komp. ca. 1828. Erstausgabe 1828.

Erstdruck: In 'Odeon', Jhg. 2, II, S. 2-23. Kopenhagen, C. C.
Lose [1828]

Erstausgabe: Les Charmes de Copenhague / Introduction et Rondeau brilliant / mêlé des motifs favorits danois / pour le /
Piano-Forte / composé par / F. Kuhlau. / Oeuv: 92. Propriété
de l'Editeur. Pr. / Copenhague chez C. C. Lose.
- Ohne Plnr. [1828] 23 S. Querfolio. Stich. - Separatabdruck
aus obigem Periodicum.

Angezeigt in AmZ, Intelligenzblatt XVI, November 1829.

Themen: Die benutzten dänischen Lieder sind:
Rud. Bay: Dannevang med grønne Bred
C. E. F. Weyse: Dannemark, hellige Lyd (Trichordium)
C. E. F. Weyse: idem; - die preisgekrönte Melodie, die Kuhlau auch
                in op. 35 variiert
H. E. Kröyer: Velkommen i din Ungdoms Lund - später besser bekannt
             unter dem Titel 'I denne Vinter har vi hat' aus der
             Vaudeville 'Genboerne'
Kong Christian stod ved højen Mast; das dänische Königslied, dem
             Kuhlau in der Elverhøj-Musik die endliche Form gab.
             Cf. Op. 100 Nr. 13 und auch Variationen Op. 16.

Titelauflagen: Lose & Olsen und Verlagsnachfolger.
Parallelausgabe: Paris, Farrenc (vor 1830)

Op. 93: FANTASIE FÜR KLAVIER ÜBER SCHWEDISCHE LIEDER

Komp.   Erstausgabe 1828

Erstausgabe: Fantaisie / sur des airs suédois / pour le /
Piano=Forte / composée et dédiée / à / Mademoiselle Betty
Magnusson / à / Gothenbourg / par / F. Kuhlau. / Oeuvre 93. /
Propriété de l'Editeur. Pr. / Copenhague chez C. C. Lose.
- Ohne Plnr. [1828]. 17 S. Querfolio. Stich.
    Angezeigt in AmZ, Intelligenzblatt XVI, November 1829.
    Titelauflagen: Lose & Olsen und Verlagsnachfolger.
    Parallelausgabe: Paris, Farrenc (1828)
    Neuausgabe: Leipzig, Hofmeister (1830)

Op. 94: 8 VARIATIONEN FÜR FLÖTE UND KLAVIER
über Onslow's 'Pour des filles'

Komp. 1829. Erstausgabe 1829

Erstausgabe: Variations / concertantes / sur l'Air de l'Opéra:
/ Le Colporteur de Onslow / "Pour des filles si gentilles" /
pour le / Pianoforte et Flûte / composées / par / F. Kuhlau. /
Propriété de l'Editeur. / Oeuv. 94. / Leipzig / au Bureau de
Musique de C. F. Peters. / Pr. 20 Gr.
- Plnr. 2063 [1829]. 15, 4 S. Folio. Stich.

Angezeigt in AmZ, Intelligenzblatt XVI, November 1829.
Kurze Erwähnung in AmZ Jhg. 32 Nr. 34, 25/8-1830, Sp. 556 f.
Parallelausgabe: Paris, Farrenc (1829)

Op. 95: 3 FANTASIEN FÜR FLÖTE, KLAVIER AD LIB.

Komp. ca. 1828. Erstausgabe 1829

Allegretto pastorale

1

p

Allegro assai e un poco agitato .

mf

Allegro gustoso

2

espress.

Larghetto

p

Allegro

f *risoluto*

Allegro con energio(!)

3

f

Allegro non tanto

p p

Erstdruck für Flöte solo: In: Ny / maanedlig Journal / for /
Fløite Solo / Samlet og Forlagt / af / C. D. Milde. / i /
Kjøbenhavn. / 14.-16. Hefte. [1829]

Erstausgabe [für Flöte solo, gleichzeitig erschienen]
Trois / Fantaisies / pour la / Flûte / composées & dediées à /
son ami / C. W. Wiehe, / Secretaire de Comerce, / par / F.
Kuhlau. / Oeuvre 95. N<u>o</u>[1-3, hds.] Proprieté de l'Editeur.
Gr. / Copenhague chez C. Milde / [In Perlschrift:] I. H.
- Ohne Plnr. 3 Hefte [1829]. 7, 7, 7 S. Folio. Lithographie.

Erstausgabe [Klavierstimme] Trois / Fantaisies / pour la /
Flute / avec Accompagnement de / Pianoforte / ad libitum /
composées & dediées .. etc. wie oben.
- Ohne Plnr. 3 Hefte. [1829] 8, 8, 8 S. Folio. Lithographie.

Titelauflage: C. C. Lose, Kopenhagen
Parallelausgabe: Paris, Farrenc, Titelauflagen davon bei den Verlagsnachfolgern.
Neuausgaben: Offenbach, André (um 1831). London, R. Cocks & Co.
(ca. 1835). Leipzig, Zimmermann. Peters.
Bearbeitung: Für Klarinette solo, arr. F. T. Blatt, Milano, Ricordi.
(ca. 1835).

Op. 96: RONDO FÜR KLAVIER über Onslow's 'Le Colporteur'

Komp. ca. 1828. Erstausgabe 1828

Erstdruck: In 'Odeon', Jhg. 2, II, S. 40-51. Kopenhagen, C.
C. Lose [1828]

Erstausgabe: Rondeau brillant / sur un Thème favori de l'Opé-
ra: / Le Colporteur / composé par / F. Kuhlau. / Oeuvre 96.
Propriété de l'Editeur. Prix 12 gr. / Copenhague chez C. C.
Lose.
- Ohne Plnr. [1828]. 12 S. Querfolio. Stich. - Separater Ab-
druck aus obigem Periodicum.
Titelauflagen: Kopenhagen, Lose & Olsen und Verlagsnachfolger.
Note: Onslow's 'Le Colporteur' wurde am Kgl. Theater in Kopenhagen
28/10-1828 in dänischer Übersetzung als 'Skovhuggerens Søn' erstauf-
geführt.

Op. 97: 2 RONDOS FÜR KLAVIER über F. Hérold's 'Marie'

Komp. 1829. Erstausgabe 1829.

RONDO
Allegro moderato

p ligato

Erstdruck: In 'Odeon' Jhg. 3, I, S. 2-11 und S. 18-27. Kopenhagen, C. C. Lose [1829]

Erstausgabe: Deux Rondeaux brillants / sur des thèmes favoris
de l'Opéra / Marie / pour le Pianoforte / composés par / F.
Kuhlau. / Oeuv: 97. N⁰ [1-2 hds.] Propriété des Editeurs. Pr.
12 gr. / Copenhague chez C. C. Lose.
- 2 Hefte. Ohne Plnr. [1829]. 11, 11 S. Querfolio. Stich. Separate Abdrucke aus dem obigen Periodicum.
Angezeigt in AmZ, Intelligenzblatt XVI, November 1829.

Parallelausgabe: Deux / Rondeaux / Pour le Piano / sur des
thèmes de Marie / Composés par / Fred. Kuhlau. / N⁰ / Op. 97.
Prix / Mayence et Anvers Chez les Fils de B. Schott. /
- 2 Hefte. Plnr. J. M. 394, 395. [1829] 12, 11 S. Folio. Stich
    - Laut Musikantiquariat Hans Schneider, Katalog 153 Nr. 118, im Jahre
    1829 erschienen. "Die Ausgabe war von J. Meissonnier übernommen wor-
    den, wurde jedoch von Schott unter eigener Verlagsnummer 3119 ver-
    trieben"

    Themen: Aus F. Hérolds Oper 'Marie'. Nr. 1: Batelier, dit Lisette.
    Nr. 2: Je pars demain. - Die erste dänische Aufführung der Oper hat
    erst am 25. September 1830 stattgefunden.
    Titelauflagen der Erstausgabe: Kopenhagen, Lose & Delbanco und Ver-
    lagsnachfolger.

Op. 98a: RONDO IN E DUR FÜR FLÖTE UND KLAVIER
über Onslow's 'Le Colporteur'

Komp. ca. 1828. Erstausgabe 1829

INTRODUZIONE
Maestoso

Pft.

RONDO
Pft. Allegro vivace

Erstausgabe: Introduction et Rondo / concertans / sur le
Choeur du Colporteur de Onslow / "Ah! quand il gèle, sans se
lasser" / pour / Pianoforte et Flûte / composé / par / F.
Kuhlau. / Propriété de l'Editeur. / Op. 98. / Leipzig, au Bureau de Musique de C. F. Peters. / Pr. 16 Gr.
- 2 Stimmen. Plnr. 2082 [1830]. 11, 4 S. Folio. Stich.
    Angezeigt in AmZ, Intelligenzblatt VII, Juni 1830
    Kurze Erwähnung in AmZ, Jhg. 32 Nr. 34, 25/8-1830, Sp. 556 f.
    Parallelausgabe: Paris, Farrenc; Titelauflagen davon bei den Verlags-
    nachfolgern.

Op. 98b: <u>RONDO IN E DUR FÜR KLAVIER</u> etc. wie Op. 98a

Diese Version für Klavier solo vom Komponisten erschien 1834.

<u>Erstausgabe</u>: Introduction / et / Rondo / sur un thème / du Colporteur de Onslow / pour le / Piano-Forte / seul / composé / par / F. Kuhlau. / Oeuvre 98, Propriété de l'Editeur. Pr. 10 Gr. / Leipzig, / au Bureau de Musique de C. F. Peters. / Enregistré aux archives de l'union. / 2460. - Plnr. 2460 [Mai/Juni 1834]. 9 S. Folio. Stich.

Angezeigt in AmZ, Intelligenzblatt VII, Juni 1834.

Op. 99: <u>8 VARIATIONEN FÜR FLÖTE UND KLAVIER</u> über Onslow's 'Le Colporteur'

Komp. 1829. Erstausgabe 1830

INTRODUZIONE

TEMA

<u>Erstausgabe</u>: Introduction / et / Variations / concertantes / sur l'Air du Colporteur de Onslow / "Toujours de mon jeune âge" / pour Pianoforte et Flûte / composées / par / F. Kuhlau. / Op. 99. Propriété de l'Editeur. Pr. 16 Gr. / Leipzig, / au Bureau de Musique de C. F. Peters. - 2 Stimmen. Plnr. 2083 [1830]. 11, 4 S. Folio. Stich.

Angezeigt in AmZ, Intelligenzblatt VII, Juni 1830.
Kurze Erwähnung in AmZ, Jhg. 32 Nr. 34, 25/8-1830, Sp. 556 f.
<u>Parallelausgabe</u>: Paris, Farrenc; Titelauflagen davon bei den Verlagsnachfolgern.

Op. 100: <u>ELVERHØJ - ERLENHÜGEL. Schauspiel in 5 Akten von J. L. Heiberg</u>

Komp. 1828. Erstaufführung: Kopenhagen, Kgl. Theater 6/11-1828. Erstausgabe, Klavierauszug 1828.

OUVERTURE

Beskiærm vor Kon-ge, sto-re Gud! beskiærm hans Slægt

Note: 'Elverhøj' entstand im Sommer 1828 als Festspiel anlässlich der Hochzeit zwischen Prinzessin Wilhelmine, der jüngsten Tochter des Königs Friedrich VI, und dem späteren König Friedrich VII. Für diese Vermählung komponierte Kuhlau ferner die Kantate Nr. 136 und den Huldigungschor Nr. 140.
Über den Werdegang der Elverhöj-Musik berichtet Torben Krogh ausführlich in 'Dansk Musik Tidsskrift', Jhg. 17, 1942, S. 152-176.
Die musikalische Gestaltung ist einer ausserordentlich glücklichen Zusammenarbeit zwischen Dichter und Komponist zu verdanken. Der musikalische Heiberg baute sein Festspiel über alte Volkssagen, und für die Romanen und Chöre hatte er alte Volkslieder ausgesucht, die dann Kuhlau meisterhaft verwertete. Schon in der Erstausgabe des Textbuches gibt der Dichter genaue Auskunft über den Ursprung der Melodien, siehe Reproduktion in welcher die entsprechenden Nummern der Musik eingefügt sind.
Nr. 6 hatte Kuhlau schon in der Flötensonate op. 64 variiert.
Nr. 13 war früher in op. 16 und op. 92 einverleibt, hier in op. 100 erhielt aber die Melodie ihre endgültige Form, in welcher Gestalt sie zum dänischen Königslied geworden ist.
Das Festspiel entstand als eine Gelegenheitsarbeit, es wurde aber zum nationalen Festspiel des dänischen Volkes. Im December 1968 erlebte es die 948. Aufführung.

Manuskript: Die handschriftliche Partitur des Kgl. Theaters befindet sich in der Kgl. Bibliothek, Kopenhagen (C II, 115)

Christian den Femtes Indtog i Skoven, i hvilket Digt de Vers forekomme:

"Her hen til Hessenfeld, du Klint og Elverhøie
"Med alв din Elveslot af vore Mark og Vange!"

Elgelædes er Elverkongens Kammer i Storehedinge Kirke (i Ebbesens alt anførte Replik S. 23) et under denne Benævnelse virkelig existerende Sted, som endog har nydt den Ære at blive taget i Øiesyn af Hans Majestæt, vor nuværende Konge.

Fortællingen (i Karens Replik S. 79) om Narsagen til at Hjerup Kirke paa Klinten blev bygget, og om at den flytter sig hver Julenat (S. 80), er ogsaa et gammelt Sagn, ligesom og Beskrivelsen over Kirkegaardens besynderlige Udseende (S. 80) er overensstemmende med Virkeligheden.

Det var Forfatterens Hensigt, at dette Skuespil, uagtet det ikke er historisk, dog ikke derfor skulde være mindre nationalt. Ved at fremstille den Art af Sagn, der, for saa vidt som den er grundet i vort Lands naturlige Beskaffenhed, ikke kan siges at være dansk, stræbte han at give det Hele en ret national Duft eller Colorit. Han søgte, hvor meget denne vilde forhøies ikke blot ved Musikens Anvendelse i Almindelighed, men fornem-

melig ved et Udvalg af nogle af de skjønneste gamle Folkemelodier fra Middelalderen. Der glædede ham, heri at finde Medhold hos Styffets Componist, Hr. Professor Kuhlau, med hvem han let blev enig om Valget. Saaledes ere da alle Sangnummerne i dette Styffe — kun med Undtagelse af Jagerchoret og Slutningschoret — lutter gamle, den nærværende Generation for største Delen ubekjendte Melodier, som ere anvendte, deels uforandrede, deels med meer eller mindre væsentlige Forandringer af den geniale Componist, der maaskee aldrig har vidst sig mere opfindsom end just i de Baand, han har paalagde sig. De af ham selv componerede Melodier, deels i Ouverturen, deels i Melodramet 1ste Act, deels i Dandsemusiken, (Dandsen i 5te Act indeholder besuden ogsaa et Par gamle Themaer), saavelsom det omtalte Jægerchor, ere saa langt fra at contrastere med de gamle Melodier, at de tvertimod ere i en skjøn Harmonie med disse. Det vil maaskee interessere mangen Tilffuer og Tilhører af dette Skuespil at kjende de originale Kilder til alle Sangnummerne, og jeg vil derfor fortelig angive dem ved Hvert ssar.

J. L. Heiberg's Bericht über die musikalische Anlage
der Musik zu 'Elverhøj'
(aus der Erstausgabe des Textbuches, 1828)

XI

S. 3. Romance: "Jeg git mig i Lunden en fidig Sommerqvel."
Mel. Paa Dewrsichd i Norrig.
(Myerup og Rahbets Udgave af Bisetrue fra Middelalderen, 5te Deel, No. 48, A.) Her er den benyttet noget afvigende, saaledes som Hr. Krossing har udsjat den.

S. 5. Romance: "Jeg lagde mit Hoved til Liverhoi."
(Gammelsteds No. 34, B.) Her er onsaa Texten laant af den gamle Vise, kun med Forandring af Omqvadet og nogle enkelte Ord; dog ere de flere Stropher indsatte, og den tredie Strophe indhentet af Forsatteren, ifædtestse for det Uleladte.
(Gammesst. No. 13.)

S. 38. Chor: "Hurtig til lystig Fest."
Mel. Grumner han gaaer paa Gulvet.

S. 54. Romance: "Nu Lovsalen Tygger."
Mel. Ridder Olle han rider sig saere under O.
(Grønlands Samling af svenste Folkemelodier S. 16.)

S. 55. Romance: "Det vanter en Ridder mellem grønne Træer."
Mel. Der strander et Stib mellem Fjord, mellem Mind; Moier og ærdige Blommer.
(Opskreven i Jydland af Hr. Pastor Winding.)

S. 73. Dise med Chor: "Nu lider Dagen saa jevnt, saa trindt."
Mel. Agnete hun stander paa Høielofts-Bro.
(Myerup og Rahbet l. c. No. 50, C.), men med en af Componisten tilsørt Allegro i Dur, hvorti der kun findes et svagt Spor i Originalen.

S. 76. Romance: "Dybt i Havet, som med flarke Bølger."
Mel. af en gammel svenst Kæmdevands, taldet Rødens Wolfin.
Den findes i Geijers Johunna, Die Soite, men meget ucorrect opstreven, siær med Henson paa Tacten. Her er den bleven benyttet af Componisten med Forandring af ifølge Forsatterens egen Opstrift.

XII

saaledes som han har hørt den junges i Sverrig.*)

S. 84. Chor: "Nu da Lænsmanden bort vil drage."
Mel. Auf Kønnig og Hans Krober.
(Myerup og Rahbet l. c. No. 57.) Den anden Deel er forandret.

S. 95. Chor: "Herligt en Sommernat."
Mel. Af Componisten felv.

S. 110 og 111. Det samme.

S. 120. Chor: "Velfjarm vor Konge, store Gud!"
Mel. Kong Christian stod ved høien Mast.
Dette siste Nummer er det eneste, som tilhører en modernere Musif, men denne Contrast finder sin Retfærdiggjørelse i den Contrast, som i felve Stykket dannes mellem den dunkle overtroiffe Sagn paa den ene Side, og Kongens flare Personlighed paa den anden.

I den Menuet, som begynder Danbsemusiken i 5te Arts 1ste Scene, er det første Thema taget af Grønlands Samling, S. 12: "Sidt, naar på liuslig Blomsterplan."

Længer hen i samme Danbsemusif hører man en Trio, som er tagen af Myerups og Rahbets Udgave, 5te Bind, No. 70, C. "Dronning Dagmar ligger i Ribe syg."

*) At man i et banst nationalt Stoffe ogsaa har anvendt et par svenst Melodier, vil neppe findes upassende, naar man betænter, hvor mange gamle Melodier der vare og tildeels endnu ere fælleds for heie Scandinavien.

Libretto, Erstausgabe: Elverhöi. Skuespil i fem Acter af Johan
Ludvig Heiberg. Udgivet af Ferdinand Printzlau. Kjöbenhavn.
Trykt hos Directeur Jens Hostrup Schultz, Kongelig og Univer-
sitets=Bogtrykker. 1828. XII, 120 S. 8vo.
Anbei Teil-Wiedergabe der 'Vorerinnerung' Heibergs mit Information
zum musikalischen Stoff; cf. Note oben.

KLAVIERAUSZUG:
Erstausgabe: Elverhöi / Skuespil i fem Acter / af / J. L. Heiberg / sat i Musik / med Benyttelse af gamle danske Folkeme-
lodier / og / Deres Kongelige Höiheder / Prinds / Frederik
Carl Christian / og / Prindsesse / Wilhelmine Marie / under-
danigst tilegnet / af / F. Kuhlau. / Op. 100. Klaveerudtog af
Componisten   Pr. / Kiöbenhavn Forlagt af C. C. Lose.
- Ohne Plnr. [1828]. Titel, 75 S. Querfolio. Stich. - Auf S.
(1): Indhold [Inhalt]
Titelauflagen: C. C. Lose, C. C. Lose & Olsen, Lose & Delbanco,
häufige Neuauflagen verursachten Neustich von verschiedenen Platten.
Neuausgaben: Lose & Delbanco, Plnr. 2486 (1864). - Kopenhagen, Wilh.
Hansen; ohne Plnr. 29 S. 4to. (um 1879) und später.

Klavierauszug 2ms ohne Text: Fuldstændigt Claver-Udtog. Kopenhagen,
H. Brix (Juli 1869) 40 S. 4to. - Dieser rechtswidrige Klavierauszug
wurde beschlagnahmt und erschien in Umdruck bei C. C. Lose (F. Borchorst). - Kopenhagen, Det Nordiske Forlag. Plnr. 2313. (1896).
Klavierauszug 4ms ohne Text: Fuldstændigt Claver-Udtog for 4 Hænder
arr. af Peder Mandrup Meyer. Kbh., H. Brix (Juli 1869) 61 S. Quer4to.
Wie die zweihändige Ausgabe wurde auch diese beschlagnahmt und erschien in Umdruck bei C. C. Lose (Borchorst) und Verlagsnachfolgern.

OUVERTURE:
Erstausgabe, Klavier 2ms: Ouverture / zu dem Schauspiele /
Der Erlenhügel / componirt und für das / Piano Forte / einge-
richtet von / F. Kuhlau. / Eigenthum des Verlegers. / Copen-
hagen bei C. C. Lose. / Pr. 20 gr.
- Ohne Plnr. [1828] 21 S. Querfolio. Stich. - Separatausgabe
aus dem Klavierauszug.
Angezeigt in AmZ, Intelligenzblatt XVI, November 1829.
Neuausgabe: 2 Auflage. Lose & Delbanco (Mai 1838). Titelauflage bei
den Verlagsnachfolgern.
Erstausgabe, Klavier 4ms: Ouverture / zu dem Schauspiele: /
Der Erlenhügel / für das / Pianoforte zu vier Händen / von /
Fr. Kuhlau. / 100ᵉˢ Werk. Eigenthum der Verleger. Pr. / Co-
penhagen, bei C. C. Lose & Olsen.
- Ohne Plnr. [ca. 1835] 17 S. Querfolio. Stich.
Neuausgabe: Kopenhagen, H. Brix (1869), Titelauflagen davon C.C.Lose
(F. Borchorst), Wilhelm Hansen.

Erstausgabe, Orchester: Ouverture / au Drame: / Elverhøi /
A / Grand Orchestre / composée par / Fr. Kuhlau. / Oeuvre:
100. Propriété de l'Editeur.   Pr. 3 Rthlr. / Enregistré
aux archives de l'union. / Leipzig, / au Bureau de Musique
de C. F. Peters. / Copenhagen, chez Lose & Olsen.
- 24 Stimmen. Plnr. 2775 [1841] Folio. Stich, Titel jedoch
lithographisch. - Besetzung: [Kopftitel:] Partie pour la Di-
rection. Violino I-II, Viola, Violoncello e Basso. - Flauto
I-II e Piccolo, Oboe I-II, Clarinetto I-II in C. A., Fagotto

I-II. - Corno I-IV, Tromba I-II, Trombone di Basso. - Timpani
in D. A., Tamburo grande e Piatti, Triangolo.
Neuausgabe, Orchester, erste Partiturausgabe: Friedrich Kuhlau. Elverhøj. Ouverture. Partitur. [Kbh.] Samfundets Forlag.
1923. 60 S. Folio.
Die Ausgabe ist von Peder Gram revidiert, der auch 1955 die zweite,
neurevidierte Ausgabe besorgte. Zu diesen Ausgaben erschienen gleichzeitig Orchesterstimmen.

4. Akt: Agnetes Dröm - Agnetens Traum. Ballet.
Erstausgabe, Klavier 2ms: Agnetes Dröm / af / Skuespillet El-
verhöi / for / Pianoforte / af / F. Kuhlau / Kiöbenhavn hos
C. C. Lose.
- Ohne Plnr. [1829] Titel, S. 56-62. Querfolio. Stich. - Se-
paratausgabe aus dem Klavierauszug.
Erstausgabe, Orchester: Samfundet til Udgivelse af dansk Musik
3. Serie Nr. 241. Friedrich Kuhlau. Elverhøj. Agnetes Drøm,
4. Akt. [Partitur]. Dan Fog Musikforlag. København 1973. 37 S.
Folio. - Hierzu erschien gleichzeitig Orchestermaterial. Die
Besetzung ist: 3222/4210/Timpani, Triangolo, Gr. Cassa e
piatti. - Streicher.

5. Akt: Balletmusik.
Erstausgabe, Klavier 2ms: Ballet af / Skuespillet Elverhöi /
for / Pianoforte / af / F. Kuhlau. / Kiöbenhavn hos C. C.Lose
- Ohne Plnr. [1829]. Titel, S. 63-72. Querfolio. Stich. - Separatausgabe aus dem Klavierauszug.
Erstausgabe, Orchester: Samfundet til Udgivelse af dansk Musik
3. Serie Nr. 163. Friedrich Kuhlau. Elverhøj. 4.-5. Akt [irr-
tümlich, nur Akt 5 ist enthalten] Partitur. [Kbh. 1963] 47 S.
Folio. - Kopftitel: Balletmusik (5. Akt) af Elverhøj.- Hierzu
erschien gleichzeitig Orchestermaterial. Die Besetzung ist:
3222/421/Timpani, Triangolo, Gr. Cassa & Piatti. Streicher.

EINZELAUSGABEN: Für Gesang und Klavier: Nr. 2-10 in Einzelausgaben aus dem Klavierauszug und in Neuausgaben. - Für
Gesang und Guitarre: Sange af Skuespillet: Elverhöi componerede efter gamle danske Folkemelodier, for Sang og Guitarre
af A. P. Berggreen. Kiöbenhavn, C. C. Lose. 19 S. Querfolio.
Stich [ca. 1830]

Die Elverhøj-Musik liegt in einer unberechenbaren Fülle von Arrangements, Divertissements, Potpourris, Fantasien etc. aus vielen Ländern
und für viele Instrumente und Ensembles vor. Auf eine Übersicht darüber soll hier Verzicht geleistet werden. Dasselbe gilt den zahlreichen Werken anderer Komponisten, die auf diese Musik anspielen.

Op. 101: 8 VARIATIONEN FÜR FLÖTE UND KLAVIER
über Spohr's 'Jessonda'

Komp. ca. 1829. Erstausgabe 1830

Erstausgabe: Introduction / et / Variations brillantes / pour
/ Pianoforte et Flute / sur un Duo de l'Opera Iessonda / de
L. Spohr / composées et dediées / à son ami N. Petersen / par
/ Fréd. Kuhlau. / Propriété des Editeurs. / Oeuvre 101. Prix
/ Copenhague, chez C. C. Lose. Paris, chez A. Farrenc.
- 2 Stimmen. Ohne Plnr. [1830] 13, 6 S. Folio. Stich.
    Angezeigt in AmZ, Intelligenzblatt V, Mai 1830 "wird zur Oster-Messe
    a. c. bei Lose und Farrenc mit getheiltem Eigenthumsrecht gleichzei-
    tig erscheinen"

Thema: Duett, Amazili und Nadori 'Schönes Mädchen, wirst mich hassen'
Nr. 18.

Parallelausgabe: Paris, Farrenc; Titelauflagen davon bei den Ver-
lagsnachfolgern.
Neuausgabe: London, Wessel & Co.
Bearbeitung: Für Violine und Klavier: London, Wessel & Co., ed. E.
Eliason (ca. 1856)

Op. 102: 3 DUOS FÜR 2 FLÖTEN. In D, E, A

Komp. ca. 1829. Erstausgabe 1830

VARIATIONS SUR UN ANCIEN AIR SUÉDOIS

RONDO

Erstausgabe: Trois / Duos Brillans / pour / deux Flutes /
composées et dediées / Ā / Monsieur Moritz Löbel / par /
Frédéric Kuhlau. / Propriété des l'Editeurs (!) / N.º 1 [-3] /
Oeuvre 102. Prix   / Copenhague, chez C. C. Lose. / Paris,
chez A. Farrenc.
- 2 Stimmen, je 3 Hefte. Ohne Plnr. [1830]. 22, 22 S. Folio.
Stich. - Fortlaufend paginiert, mit separaten Titelseiten.
 Angezeigt in AmZ, Intelligenzblatt V, Mai 1830 zusammen mit Op. 101
 und mit derselben Hinzufügung.

Thema des Variationssatzes in Nr. 2 ist ein altschwedischer Volks-
tanz 'Neckens Polska', der auch in der Elverhøj-Musik zu Karens Romance 'Dybt i Havet' Aufnahme fand. Cf. Op. 100 Nr. 8.

Parallelausgabe: Paris, Farrenc; Titelauflagen bei den Verlagsnach-
folgern.
Titelauflagen der Erstausgabe: Lose & Delbanco und Verlagsnachfolger.
Neuausgaben: Braunschweig, Litolff (1882). Milano, Ricordi. Boston,
Cundy Betteney.

Op. 103: QUARTETT IN E MOLL FÜR 4 FLÖTEN

Komp. 1829. Erstausgabe 1830
Manuskript in Kgl. Bibliothek, Kopenhagen

114

SCHERZO
Allegro assai

f

Adagio molto con espressione

p

RONDO
Allegro assai

p

<u>Erstausgabe</u>: Grand / Quatuor / pour / Quatre Flûtes / composé
et dédié / à son Ami J. W. Gabrielsky / par / F. Kuhlau. / Op.
103. Propriété des Editeurs. Pr. 1 Thlr. 20 Gr. / Enregistré
dans l'archive de l'union. / Leipzig / au Bureau de Musique
de C. F. Peters. / Paris, chez A. Farrenc.
- 4 Stimmen. Plnr. 2090 [1830]. 13, 10, 9, 9 S. Folio. Stich.
Angezeigt in AmZ, Intelligenzblatt XI und XIV, Sept., Nor. 1830.
<u>Parallelausgabe</u>: Paris, Farrenc; Titelauflagen der Verlagsnachfolger.
<u>Neuausgaben</u>: London, Wessel & Co. (ca. 1855); Titelauflagen der Ver-
lagsnachfolger.
<u>Bearbeitung</u>: Für 2 Flöten: Paris, Richault; Titelauflagen der Ver-
lagsnachfolger.
<u>Partitur</u>: Nicht gedruckt. In handschriftlicher Ausfertigung in Musik-
videnskabeligt Institut, Universitetet, Aarhus.
<u>Note</u>: Während seines Besuches in Leipzig 1829 war Kuhlau vom Musik-
verleger Böhme eingeladen, das neue Quartett für vier Flöten anzu-
hören. Cf. Thrane's Kuhlau-Biographie S. 48 f. (dänisch S. 129).
- C. G. S. Böhme hatte am 1. Nov. 1828 den Musikverlag Peters übernommen.

<u>Op. 104</u>: <u>5 VARIATIONEN FÜR FLÖTE UND KLAVIER</u>
über ein schottisches Volkslied

Komp. 1829. Erstausgabe 1830

TEMA CON VARIAZIONI
Andante

p dolce

<u>Erstausgabe</u>: Variations / sur un Air favori Ecossais: / "Du-
randarte and Belerma" / pour la Flûte / avec Accompagnement
de Pianoforte / composées et dédiées / à Mr. W. L. Huntly /
par / F. Kuhlau. / Op. 104. Propriété des Editeurs. Pr. 10 Gr.
/ Enregistré dans l'archive de l'union. / Leipzig, / au Bureau de Musique de C. F. Peters. / Paris, chez A. Farrenc.
- 2 Stimmen. Plnr. 2150 [1830]. Titel, 5, 4 S. Folio. Stich.

Angezeigt in AmZ, Intelligenzblatt XI und XIV, Sept., Nov. 1830.
Parallelausgabe:Paris, Farrenc; Titelauflagen davon bei den Verlags-
nachfolgern.
Neuausgabe: Braunschweig, Litolff: In Collection Litolff No. 553
mit Op. 63 und 105.
Note: In einem Brief vom 25. April 1829 an Herrn W. L. Huntly, p.t.
Frankfurt am Main, schreibt Kuhlau "Ich danke Ihnen für die Mittei-
lung der 2 schönen Volkslieder.." (Kgl. Bibliothek, Kopenhagen)

Op. 105: 7 VARIATIONEN FÜR FLÖTE UND KLAVIER
über ein irisches Volkslied

Komp. 1829. Erstausgabe 1830

TEMA CON VARIAZIONI

Erstausgabe: Variations / sur un Air favori Irlandais: / "Tis
the last Rose of Summer" / pour la Flûte / avec Accompagnement
de Pianoforte / composées et dédiées / à Mr. W. L. Huntly /
par / F. Kuhlau. / Op. 105. Propriété des Editeurs. Pr. 12 Gr.
/ Enregistré dans l'archive de l'union. / Leipzig, au Bureau
de Musique de C. F. Peters. / Paris, chez A. Farrenc.
- 2 Stimmen. Plnr. 2151 [1830] 7, 4 S. Folio. Stich.
Angezeigt in AmZ, - wie Op. 104
Parallelausgabe, Neuausgabe und Note - wie Op. 104
Thema: Das Lied wurde erst im December 1813 gedruckt. Bekanntlich
wurde es 1847 in Flotow's 'Martha' eingelegt. Cf. Fuld: The Book of
World-Famous Music, rev. ed. New York 1971, S. 582 f.

Op. 106: 6 ROMANZEN UND LIEDER VON L. M. FOUQUÉ MIT KLAVIER

Komp. 1829. Erstausgabe 1830

LIEBESPROBEN

LIED
Munter

dolce

Singend zog auf sei - nem Rap - pen

SAENGERGLÜCK
Mäßige Bewegung

mf

Der Sän - ger schlich um Lieb - chens Thür
Den San - ger med sin Zi - ther stod

DER GRAF VON DER HAIDE
Nicht zu schnell

rf *p* *f*

Ein Knap -pe ritt die Haid ent-lang
En Yng -ling o - ver He - den red

Erstausgabe: Romanzen und Lieder / von L. M. Fouqué / mit Be-
gleitung des / Piano=Forte / in Musik gesetzt und seinem
Freunde / Albert Methfessel / gewidmet / von / Friedrich Kuh-
lau. / Op. 106. Eigenthum des Verlegers. Pr. 1 Rth. 4 Gr. /
Leipzig, / im Bureau de Musique von C. F. Peters.
- Plnr. 2084 [1830]. 27 S. Folio. Stich.
  Angezeigt in AmZ, Intelligenzblatt VII, Juni 1830.
  Kurze Besprechung in AmZ, Jhg. 32 Nr. 16, 21/4-1830, Sp. 257 f.

  Neuausgabe: In Romancer og Sange (cf. Nr. 232) sind Nr. 1, 3, 5 und
  6 aufgenommen; Nr. 1: II/57, Nr. 3: II/73, Nr. 5: II/67. Nr. 6: II/61
  mit den dänischen Texten. Nr. 2 und 4 kommen hier nicht vor. Diese
  Ausgabe erschien auch als Einzeldrucke.

Op. 107: HUGO UND ADELHEID. Oper in 3 Akten von C. J. Boye

   Komp. 1827. Erstaufführung: Kopenhagen, Kgl. Theater
   29/10-1827. Erstausgabe, Klavierauszug 1838.

Singende Personen: Soprani: Adelheid. Therese. - Soprani et
Alti: Fire Terner / Vier Frauen. - Tenor: Hugo. - Bassi: Ger-
hold. To Tyve / zwei Diebe. Anföreren for Nattevagten / An-
führer der Nachtwache.

OUVERTURE
Allegro marcato

ff

1. AKT
Allegro con brio

Introduktion
og Chor
TTB

Med hæd - ret Flag i höi - en Mast
Die Flag - ge hoch am schlan-ken Mast

117

3. AKT

Manuskript: Die handschriftliche Partitur des Kgl. Theaters
befindet sich in der Kgl. Bibliothek, Kopenhagen (C II, 115)

Libretto, Erstausgabe: Hugo og Adelheid. Originalt Syngespil
i tre Acter. Musiken af Hr. Kammermusicus Kuhlau. Udgivet af
Theaterdirectionen. Kjöbenhavn. Trykt hos Directeur Jens Hostrup Schultz, ... 1827. 74 S. 8vo.

Der Textdichter C. J. Boye ist nicht angeführt. Der Verleger F. A. C.
Printzlau verzeichnet auf letzter Umschlagsseite verschiedene Sing-
spiele und Schauspiele an, die bei ihm erhältlich sind. Printzlau
war ab 1828 Secretair des Theaters und gab zahlreiche Textbücher
heraus.

Erstausgabe, Klavierauszug: [Umschlag:] Hugo og Adelheid, /
Opera i 3 Acter / af / F. Kuhlau. / Texten af C. J. Boye. /
Arrangeret for Pianoforte af J. P. E. Hartmann. / Kjöbenhavn:
/ i Commission hos Lose & Olsen. - [Titel:] Hugo og Adelheid
/ af / Kuhlau / Texten af C: J: Boye / Arrangeret for Piano-
forte af Hartmann./Musikforeningen i Kjöbenhavn / 1838. /
- [Titel II] Hugo und Adelheid, / Oper in 3 Aufzügen. / Musik
von Fr. Kuhlau. / Hamburg: bei Joh. Aug. Böhme. Leipzig: bei
Fr. Kistner.
- Ohne Plnr. Erschienen 1838. Titel (lithographisch), 1 Blatt
(Personen und Inhalt), 247 S. Querfolio. Stich. - Der Klavierauszug hat Text dänisch und deutsch.

OUVERTURE:
Für Klavier 2ms, Erstdruck: In 'Odeon', Jhg. 1, II, S. 64 ff.
Kopenhagen, C. C. Lose [1828].
Für Klavier 2ms, Erstausgabe: Ouverture de l'Opera: / Hugo et
Adelheid / pour le Piano-Forte / composée / par / F. Kuhlau.
/ Propriété de l'Editeur. / Copenhague, chez C. C. Lose.
- Ohne Plnr. [1828]. 10 S. Querfolio. Stich. - Separatabdruck
aus obigem Periodicum.
Für Klavier 4ms, Erstausgabe: Ouverture / de l'Opera: / Hugo
et Adelheid / pour le / Pianoforte a quatre mains / composée
et arrangée / par / F. Kuhlau. / Op. 107 - Propriété de l'E-
diteur. - Pr. 16 Gr. / Leipzig / au Bureau de Musique de C.
F. Peters.
- Plnr. 2081 [1830]. 15 S. Querfolio. Stich, Titelseite jedoch
lithographisch.
   Angezeigt in AmZ, Intelligenzblatt VII, Juni 1830.
   Kurze Besprechung in AmZ, Jhg. 32 Nr. 16, 21/4-1830, Sp. 260.

EINZELAUSGABEN:
Für Gesang und Klavier: In 'Musikalsk Theater Journal', Jhg.
6, II, S. 37-63, sind folgende Nummern mit dänischem Text aufgenommen: Nr. 1, 1a, 2, 5, 15a und 16a. Kopenhagen, C. C. Lose [1827-28]. - Sie erschienen auch als Separatausgaben, -
Titelauflagen davon bei den Verlagsnachfolgern.

- Unter dem Titel 'Ouverture og Favorit-Sange af Hugo og Adelheid' gab der Verlag Abdrucke der oben angeführten Teile in
einem Heft heraus.

Op. 108: KLAVIERQUARTETT IN G MOLL, für Klavier, Violine,
         Viola und Violoncello

         Komp. 1829. Erstausgabe 1833

FINALE

Allegro poco agitato

<u>Erstausgabe</u>: Grand Quatuor / pour le / Piano-Forte / Violon, Alto et Violoncelle / dédié / à Mademoiselle Dorothée de Witkowsky, / à Charkoff. / composé par / Fréd. Kuhlau. / Posthume. / Op. 108. Propriété de l'Editeur. Pr. 3 Rthlr. / Leipzig, / au Bureau de Musique de C. F. Peters. / Paris, chez A. Farrenc. / Enregistré aux archives de l'union. / 2368. – 4 Stimmen. Plnr. 2368 [1833]. 40, 10, 10, 9 S. Folio. Stich. Angezeigt in AmZ, Intelligenzblatt IV, Juni 1833. – Die Ausgabe war schon im Jhg. 34 Nr. 9, 29/2-1832, vom Verleger angekündigt. <u>Parallelausgabe</u>: Paris, Farrenc. <u>Note</u>: Über den Werdegang des Werkes erzählt Thrane ausführlich in seiner Kuhlau-Biographie S. 57 ff. (dänisch S. 140 ff.) Er berichtet hier auch von der Erstaufführung im Hause des Musikmäzenen Chr. Waagepetersen im Oktober 1829, die Moscheles beiwohnte.

<u>Op. 109</u>: 3 RONDOS FÜR KLAVIER über beliebte Melodien

Komp. 1829/30. Erstausgabe 1830

INTRODUZIONE

Erstdruck von Nr. 2 und 3 in 'Odeon', Jhg. 3, II, S. 50-59 und S. 66-73, Kopenhagen, C. C. Lose [Jan.-Feb. 1830]

Erstausgabe: Drei leichte Rondos / über / beliebte Melodien / für's / Pianoforte / № 1. Le petit tambour. / 2. Ueber ein Thema aus Semiramis v. Rossini. / 3. Ueber ein deutsches Lied. / componirt von / F. Kuhlau. / Op. 109. 5te Liefer. Eigenthum der Verleger- № 1 [-3] / Copenhagen bei C. C. Lose. / Paris bei A. Farrenc.
- 3 Hefte. Ohne Plnr. [Nov.-Dec. 1830] 7, 11, 9 S. Querfolio. Stich.

Titelauflage: Paris, Farrenc.
Bearbeitung: Für Flöte und Klavier, als '3 Rondeaux concertants', op. 109 bis; Paris, Richault.

Op. 110: 3 DUOS BRILLANTS FÜR FLÖTE ODER VIOLINE UND KLAVIER
In B, e, D

Komp.   Erstausgabe 1830

Erstausgabe: Trois / Duos Brillans / pour / Piano et Flûte /
dédiés / à Madame la Baronne M. de Schwerin / par / F. Kuhlau.
/ Op. 110. Nº I [-III] Pr. 1 1/6 Rthlr. / Propriété des Editeurs. / Copenhague chez C. C. Lose, Paris chez A. Farrenc. /
Leipzig, chez H. A. Probst. / Ces Duos sont composés aussi
pour Piano et Violon par l'Auteur. / 835. 836. 837.
- 3 Hefte, je 3 Stimmen. Plnr. 835-837 [Mai-Juni 1830]. Piano:
18, 15, 19 S. Flöte: 6, 5, 5 S. Violine: 6, 5, 5 S. Folio.
Stich.

Angezeigt in AmZ, Intelligenzblatt XVI, December 1830. Whistling
verzeichnet die Ausgabe Mai-Juni 1830.

Parallelausgabe: Paris, Farrenc; Titelauflagen bei Verlagsnachfolgern
Neuausgaben: London, Wessel & Co. (ca. 1855). Braunschweig, Litolff.

Op. 111: 3 RONDOS FÜR KLAVIER ZU 4 HÄNDEN. In C, D, D

Komp. ca. 1831. Erstausgabe 1831

INTRODUZIONE

Erstausgabe: Trois / Rondeaux / pour le / Piano-Forte / à
quatre mains / composés par / Frèd. Kuhlau. / NO 1. Air au-
trichien. / NO 2. Air militaire anglais. NO 3. Galopade hon-
groise. / Oeuv. 111. NO I [-III] Propriété de l'Editeur. Prix:
16 Gr. / Leipzig / au Bureau de Musique de C. F. Peters. / Enregistré dans l'archive de l'union. / à Paris, chez A. Farrenc. / à Londres chez / No. 1. No. 2. No. 3. / 2233. 2234.
2235.
- 3 Hefte. Plnr. 2233-2235 [Sept.-Okt. 1831] 15, 15, 15 S.
Folio. Stich.
    Angezeigt in AmZ, Intelligenzblatt VI, Oktober 1831. Das Erscheinen
    war im Jhg. 33 Nr. 20, 18/5-1831 vom Verleger angekündigt.
    Besprechung in AmZ, Jhg. 34 Nr. 8, 22/2-1832, Sp. 125 ff.
    Parallelausgabe: Paris, Farrenc.

Op. 112: 3 AIRS VARIÉS FÜR KLAVIER. In C, G, F

    Komp. ca. 1831. Erstausgabe 1831

Erstausgabe: Trois / Airs Variés / pour le / Piano-Forte /
par / Fréd. Kuhlau. / N°.1. Cavatine du Pirate. N°. 2. Mélodie
Autrichienne. / N°.3. Thême de J. N. Hummel. / Oeuv. 112. N°
I [-III] Propriété de l'Editeur. Prix. 12 Gr. / Leipzig, /
au Bureau de Musique de C. F. Peters. / Enregistré dans l'archive de l'union. / à Paris, chez A. Farrenc. à Londres chez /
No I. No II. No III. / 2226. 2231. 2232.
- 3 Hefte. Plnr. 2226, 2231-2232 [Sept.-Okt. 1831]. 11, 11,
11 S. Folio. Stich.

Angezeigt in AmZ, Intelligenzblatt VI, Oktober 1831. Das Erscheinen
war im Jhg. 33 Nr. 20, 18/5-1831 vom Verleger angekündigt.
Kurze Besprechung in AmZ, Jhg. 34 Nr. 8, 22/2-1832, Sp. 127.

Themen: Nr. 1: Bellini's 'Il pirata', 'Tu vedrai la sventurata" mit
6 Variationen.
-- Nr. 2: Österreichisches Volkslied mit 7 Variationen
-- Nr. 3: Thema von J. N. Hummel mit 6 Variationen.
Parallelausgabe: Paris, Farrenc.
Bearbeitungen: Für Flöte und Klavier: Paris, Richault. London, Wessel
& Co. - Titelauflagen bei Verlagsnachfolgern. - Für 2 Flöten: Pa-
ris, Richault. New York, I M C.

Op. 113: 3 RONDOS FÜR KLAVIER über Opern-Melodien

Komp. ca. 1831. Erstausgabe 1832

INTRODUZIONE

Andante con moto

RONDO

Allegro assai

Erstausgabe: Trois / Rondeaux / Brillans / Pour le Piano, / Composés par / Fréd. Kuhlau. / N° 1. Thême de Ricciardo e Zoraide. / N° 2. Polonaise de Tancréde. N° 3. Thême de Joconde. / Posthume. / Oeuvre 113. N° I [-III] Prix 12 Gr. / Propriété de l'Editeur. / Leipzig, / au Bureau de Musique de C. F. Peters. / Enregistré aux archives de l'union. / à Paris, chez A. Farrenc. / No. I. No. II. No. III. / à Londres, chez Goulding Dalmaine. / 2339. 2340. 2341.
- 3 Hefte. Plnr. 2339-2341. [Juli-Aug. 1832]. 11, 11, 11 S. Folio. Stich.

Angezeigt in AmZ, Intelligenzblatt XV, November 1832. Das Erscheinen war schon in Nr. 9, 29. Feb., vom Verleger angekündigt, und zwar irrtümlich als ein 4händiges Werk.
Kurze Besprechung in AmZ, Jhg. 35 Nr. 1, 2/1-1833, Sp. 16.

Themen: Nr. 1: Rossini's "Ricciardo e Zoraide", 'Qual suono terribile' aus der Finale im 1. Akt.
-- Nr. 2: Rossini's "Tancredo", 'Fra quai soavi palpiti' aus Finale im 2. Akt.
-- Nr. 3: Nicolo Isouard's "Joconde", 'J'ai longtemps parcouru le monde'.

Parallelausgabe: Paris, Farrenc.
Note: Die Rückseite dieser Ausgabe hat 'Catalogue des Oeuvres de Frederic Kuhlau, Publiés par A. Farrenc, Editeur de musique, ..." - ein ganzseitiges Verzeichnis.

Op. 114: 3 AIRS VARIÉS FÜR KLAVIER ZU 4 HÄNDEN. In G, C, F

Komp. Erstausgabe 1832

INTRODUZIONE

Andante

8
f marcato
sf
sf
p

TEMA

Allegretto

p

Erstausgabe: Trois / Airs Variés / Pour / le Piano-Forte, à
quatre mains / Composés / par / Fréd. Kuhlau. / N.o 1. Air des
Fées. N.o 2. Non più andrai. / N.o 3. Air Suisse. / Posthume. /
Oeuvre 114. N.o I [-III] Prix: 20 Gr. / Propriété de l'Edi-
teur. / Leipzig, / au Bureau de Musique de C. F. Peters. /
Enregistré aux archives de l'union. / à Paris, chez A. Farrenc
/ N.o I. N.o II. No. III. / à Londres, chez Goulding Dalmaine. /
2342. 2343. 2344.
- 3 Hefte. Plnr. 2342-44 [Juli-Aug. 1832] 19, 19, 19 S. Folio
Stich.

Angezeigt in AmZ, Intelligenzblatt XV, November 1832. Das Erscheinen
war in Nr. 9, 29/2-1832, vom Verleger angekündigt.

Themen: Nr. 1: Thema nicht identifiziert. 6 Variationen.
-- Nr. 2: Mozart's "Figaro". Arie Figaros 'Non più andrai' - Dort
vergiss leises Flehen'. KV 492, Nr. 9. Mit 5 Variationen.
-- Nr. 3: Schweizerisches Volkslied 'I bin a' lustiger frischer Bua'
Mit 5 Variationen.

Parallelausgabe: Paris, Farrenc.

Op. 115: TRILLINGBRØDRENE FRA DAMASK - DIE DRILLINGSBRÜDER

VON DAMASKUS. Lustspiel in 3 Akten von A. Oehlen-

schläger.

Komp. 1830. Erstaufführung: Kopenhagen, Kgl. Theater
1/9-1830. Erstausgabe, Klavierauszug 1830.

OUVERTURE
Andante con moto

Manuskript: Autographe Partitur des Kgl. Theaters jetzt in
der Kgl. Bibliothek, Kopenhagen (C II, 115).

Libretto, Erstausgabe: A. G. Oehlenschläger. Trillingbrødrene
fra Damask. Lystspil. Kjøbenhavn 1830. Trykt, paa Forfatterens Forlag, i det Poppske Bogtrykkerie. Titel, VI, 202 S. 8vo

Erstausgabe, Klavierauszug: Trillingbrødrene / fra Damask /
Lystspil af Oehlenschlaeger / sat i Musik / af / F. Kuhlau. /
Op. 115. Klaveerudtog. Pr. / Kiôbenhavn forlagt af C. C. Lose
- Ohne Plnr. [1830]. Titel, 62 S. Querfolio. Stich.

OUVERTURE:
Erstdruck, Klavier 2ms: In 'Odeon' Jhg. 4, II. Kopenhagen, C.
C. Lose [1830]
Erstausgabe: Ouverture / de l'Opéra: / Les trois jumeaux de
Damas / Trillingbrödrene fra Damask / composée et arrangée /
pour le / Pianoforte / par / F. Kuhlau. / Op. Propriété de
l'Editeur. Pr. / Copenhague chez C. C. Lose.

- Ohne Plnr. [1830]. 15 S. Querfolio. Stich. - Separatausgabe
aus obigem Periodicum.

Erstausgabe, Klavier 4ms: Fr. Kuhlau. / Ouverture / til /
Trillingbrødrene fra Damask, / Lystspil af A. Oehlenschläger.
/ Op. 115. / Klaver-Udtog for 4 H. af Chr. Barnekow. / Kjø-
benhavn. / Samfundet til Udgivelse af dansk Musik. / 1883./
XVIII.
- Plnr. D. M. XVIII [i.e. Samfundet, Serie 1, Nr. 18]. 1883.
Titel, 23 S. Folio. Stich.

EINZELAUSGABEN:
Für Gesang und Klavier: Nr. 1, 2, 3, 5, 6 und 7 in 'Musikalsk
Theater Journal' Jhg. 8, II, S. 20 ff. - Sie erschienen auch
als Separatausgaben daraus im Verlag C. C. Lose.
Für Klavier 2ms: Nr. 4, Harmoniemusik, in 'Musikalsk Antholo-
gie', Jhg. III, S. 69-71. Kopenhagen, Immanuel Rée, 1858. -
Einzelausgabe daraus beim Verlagsnachfolger Lose & Delbanco.
Note: Cf. Thrane S. 80 ff (dänisch S. 169 ff.)

Op. 116: VARIATIONEN FÜR KLAVIER über Rossinis 'Wilhelm Tell'

   Komp. ca. 1831. Erstausgabe 1831

Erstdruck in: Euterpe. / Taschenbuch / für Piano-Forte-Spieler
/ auf das Jahr / 1831. / Zur geselligen Unterhaltung in Stunden der Musse / herausgegeben von / Fr. Kuhlau. / 1.[-4.] Lieferung. / Eigenth. d. Verlagsh. / Braunschweig, / im Musikalischen Magazine von J. P. Spehr. / N⁰ 2057. 2062. 2071. 2072
Pr. 12 gr.
- 4 Hefte. Verlagsnummer 2057, 2062, 2071-72 [1831] 90 S. -
Stich. - Jedes Heft mit eigenem Titel; fortlaufend paginiert.
   Die vier Lieferungen werden mit den nachstehenden vier Kuhlau-Kompositionen eingeleitet. Ferner enthalten sie Werke von Fr. Hartmann,
   Charles Koch, H. Werner und L. v. Beethoven.
Op. 116 Nr. 1, Lieferung 1, S. 2-9; Kopftitel: Thema aus der
Oper: Wilhelm Tell von Rossini, variirt von Fr. Kuhlau. Op:
116 N⁰ 1.
   Thema: Coro d'Introduzione: 'È il ciel sereno', 1. Akt Nr. 2. - Mit
   4 Variationen.
Op. 116 Nr. 2, Lieferung 2, S. 25-32; Kopftitel: Thema aus der
Oper: Wilhelm Tell von Rossini, variirt von Fr. Kuhlau. Op:
116 N⁰ 2.

Thema: Aus Scene und Duett Nr. 7. - Mit 4 Variationen.

- Es folgen in Lieferung 3 und 4 Kuhlaus Op. 117, q. v.

Erste selbständige Ausgabe: Variationen / für das / Piano-
Forte / über zwei beliebte Themata aus der Oper: / Wilh. Tell
von J. Rossini. / Componirt von / Fr. Kuhlau. / Eigenth. d.
Verlagsh. / Op: 116. N⁰ [1-2, hds.] Pr. 8 gr. / Braunschweig /
im Musikalischen Magazine von J. P. Spehr. / N⁰ 2075-76. /
- / Aus Kuhlaus Euterpe besonders abgedruckt.
- 2 Hefte. Plnr. 2075-76 [1831] 7, 7 S. Querfolio. Stich. -
Über der letzten Zeile der Titelseite romantisches Titelbild
(Waldkapelle) in blauer Farbe.
Verzeichnet in Whistling Juli-August 1831.
Neuausgaben: Hannover, Bachmann. Kopenhagen, Wilhelm Hansen.

Op. 117: 3 RONDOLETTOS FÜR KLAVIER über Lieder von Beethoven

Komp. ca. 1831. Erstausgabe 1831.

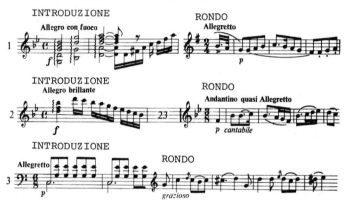

Note: Die Nummerierung der drei Rondolettos ist nicht ganz eindeu-
tig. In Übereinstimmung mit der Neuauflage wurde hier folgende Num-
merfolge gewählt:
Nr. 1: 'Der lebt ein Leben wonniglich', - steht nicht in 'Euterpe'
Die Erstausgabe ist als Nr. 1 bezeichnet.
Nr. 2: 'Der Frühling entblüht' - heisst in 'Euterpe' Nr. 1; in der
Erstausgabe als Nr. 4 der Rondolettos bezeichnet.
Nr. 3: 'Als mir noch die Thräne' - heisst in 'Euterpe' Nr. 2; in der
Erstausgabe als Nr. 5 der Rondolettos bezeichnet.

Erstdruck von Nr. 2 in: Euterpe / Taschenbuch für Piano-
Forte-Spieler / auf das Jahr / 1831. [etc., cf. Op. 116]...
Lieferung 3, S. 47-55: Rondoletto nach dem beliebten Liede:
"Der Frühling entblühet." von L. v. Beethoven. Comp: v. Fr.
Kuhlau. Op: 117. N⁰ 1 [cf. Note]
Thema: Beethoven's Lied 'Der Jüngling in der Fremde', WoO 138. - Cf.
Kinsky-Halm S. 606 f.

Erstdruck von Nr. 3 in: Euterpe [cf. oben]
Lieferung 4, S. 69-76: Rondoletto nach dem beliebten Liede:
"Als mir noch die Thräne der Sehnsucht nicht floss" - von L.
von Beethoven, Comp: von Fr: Kuhlau. Op: 117 N⁰ 2. [cf. Note]
Thema: Beethovens 'Lied aus der Ferne', WoO 137. - Cf. Kinsky-Halm
S. 604 f. - Vgl. auch Kuhlaus Variationen op. 77 über dies Thema.

Erstausgabe von Nr. 1: Rondoletto / für das / Piano-Forte /
über das beliebte Lied: / "Der lebt ein Leben wonniglich" /
von / L. van Beethoven. / Componirt von / Fr: Kuhlau. / Op:
117. / N⁰ 1 der Rondolettos nach beliebt. Themata. / Eigenth.
d. Verlagsh. / N⁰ 2073. Pr. 8 gr. / Braunschweig / im Musikalischen Magazine von J. P. Spehr.
- Plnr. 2073 [1831]. 7 S. Querfolio. Stich.
    Thema: Beethovens Lied 'Das Glück der Freundschaft', Op. 88. - Cf.
    Kinsky-Halm S.246. - Vgl. auch Kuhlaus Variationen op. 76 über das-
    selbe Thema.

Erstausgabe von Nr. 2: Rondoletto [etc. wie Nr. 1] ... "Der
Frühling entblühet" ... [etc. wie Nr. 1] ... N⁰ 4 der Rondolettos ... Plnr. 2077 [1831] 7 S. Querfolio. Stich.

Erstausgabe von Nr. 3: Rondoletto [etc. wie Nr. 1] ... "Als
mir noch die Thräne der Sehnsucht nicht floss" ... [etc. wie
Nr. 1] ... N⁰ 5 der Rondolettos ... Plnr. 2079 [1831]. 7 S.
Querfolio. Stich.

Neuausgabe: Souvenir de Beethoven. / Trois / Rondoletto / faciles et brillantes / pour le / Pianoforte / sur des airs favoris de Beethoven, / composés / par / Fr: Kuhlau. / Op. 117
N⁰ (1-3)

N⁰ 1. Sur l'air: "Der lebt ein Leben"
 " 2. "   "   "Der Frühling entblüht"
 " 3. "   "   "Als mir noch die Thräne"
3me Edition. Propriété de l'Editeur. / N⁰ 2073-75. Pr. Compl.
20 ggr. Liv. 1-3 à 8 ggr. / Bronsvic, / chez J. P. Spehr. /
New York chez Scharfenberg & Luis / (561 Broadway)
- 3 Hefte. Plnr. 2073-75. 7, 7, 7 S. Hochfolio. Stich.

    Neuausgabe: Wolfenbüttel, Holle: Erinnerung an Beethoven. - Leipzig,
    Peters, in: Kuhlau, Rondos, EP 372. - London, Wessel & Co. - Paris,
    Aulagnier.

Op. 118: 3 RONDOS FÜR KLAVIER über Opern-Melodien von Auber

    Komp. ca. 1830-31. Erstausgabe 1831

Erstdruck in 'Odeon'; Nr. 1: Jhg. 5, I, S. 1-10. Nr. 2: Jhg.
4, II, S. 63-72. Nr. 3: Jhg. 4, II, S. 49-59. Kopenhagen, C.
C. Lose [1831]

Erstausgabe: Drei / leichte Rondos / über / beliebte Melodien
/ aus der Oper / Fra Diavolo, von Auber / componirt von / F.
Kuhlau. / Eigenthum des Verlegers / Op. 118. Liefer 6te Nº 1
[-3] / Copenhagen bei C. C. Lose. / Eingetragen in das Ver-
einsarchiv.
- 3 Hefte. Ohne Plnr. [1831] 11, 11, 13 S. Querfolio. Stich.
Separatabdrucke aus obigem Periodicum.

Angezeigt in AmZ, Intelligenzblatt II, Februar 1832.
Kurze Erwähnung in AmZ Jhg. 35 Nr. 17, 24/4-1833, Sp. 288.

Themen: Auber's: "Fra Diavolo"
Nr. 1: Romance Nr. 4 'Erblickt auf Felsenhöhen'
Nr. 2: Romance Nr. 14 'Ewig will ich dir gehören'
Nr. 3: Barcarole Nr. 9 'Dorina, jene Kleine'

Titelauflagen: Lose & Delbanco und Verlagsnachfolger
Parallelausgabe: Paris, Farrenc
Bearbeitung: Für Flöte und Klavier. Paris, Richault.

Op. 119: TRIO IN G DUR FÜR 2 FLÖTEN UND KLAVIER

Komp.   Erstausgabe 1832

Erstausgabe: Premier / Grand Trio / Concertant / pour / deux
Flûtes et Piano / composé et dédié à son Ami / Monsieur Jean
Sedlatzek / par / Frèd. Kuhlau. / Op: 119. / Bonn chez N. Sim-
rock. / Paris chez A. Farrenc. Londres chez Wessel & Comp: /
Propriété des éditeurs. / 3043.
- 3 Stimmen. Plnr. 3043 [1832]. 7, 6, 22 S. Folio. Stich.
Angeführt in Whistlings Monatsbericht Sept.-Okt. 1832.

Parallelausgaben: Paris, Farrenc und London, Wessel & Co; Titelauf-
lagen bei den Verlagsnachfolgern.
Neuausgaben: Berlin, Raabe & Plothow (1905). Bonn, Simrock.
Bearbeitungen: für Flöte, Violine und Klavier, für Flöte, Cello und
Klavier, und für zwei Flöten: Paris, Richault und Nachfolger; London
Rudall Carte.

Op. 120: LA LÉGÈRETÉ. RONDO IN F FÜR KLAVIER über Paganini

   Komp.   Erstausgabe 1832

Erstdruck: In 'Odeon', Jhg. 6, I, S. 38-51. Kopenhagen, C. C.
Lose [1832]

Erstausgabe: La Légèreté / Rondeau Brillant / pour le / Pianoforte / sur un motif favorit d'un Concerto / de Paganini /
composé par / F. Kuhlau. / Oeuvre 120. Propriété des Editeurs.
Prix. 16 gr. / Copenhague / chez / C. C. Lose. / Paris chez
A. Farrenc. Londres chez
- Ohne Plnr. [1832]. 15 S. Querfolio. Stich. - Separater Abdruck aus obigem Periodicum.
Angezeigt in AmZ, Intelligenzblatt VII, Juni 1832. Das Erscheinen
bei Lose und Farrenc war im Intelligenzblatt II, Februar 1832, angekündigt worden.

Thema: Paganini's Violinkoncert Nr. 1, op. 6, D Dur; 3. Satz.
Parallelausgabe: Paris, Farrenc.
Titelauflagen:Bei den Verlagsnachfolgern beider Originalverlage.

Op. 121: LA CLOCHETTE. RONDO IN A MOLL FÜR KLAVIER
         über Paganini

         Komp.   Erstausgabe 1832

INTRODUZIONE

RONDO
Allegro con gusto

Erstdruck: In 'Odeon', Jhg. 5, II, S. 54-67. Kopenhagen, C.C.
Lose [1832]

Erstausgabe: La Clochette / Rondeau Brillant / pour le / Pia-
no-Forte / sur un motif favorit d'un concerto / de Paganini /
composé par / F. Kuhlau. / Oeuvre 121. Propriété des Editeurs.
Prix 16 gr. / Copenhague, / chez C. C. Lose. / Paris chez A.
Farrenc. Londres chez
- Ohne Plnr. [1832] 15 S. Querfolio. Stich.
    Angezeigt in AmZ, Intelligenzblatt VII, Juni 1832. Das Erscheinen
    bei Lose und Farrenc war im Intelligenzblatt II, Februar 1832, ange-
    kündigt worden.

    Thema: Paganini's 'La Campanella'. Violinkoncert Nr. 2, op. 7, hmoll
    3. Satz.
    Parallelausgabe: Paris, Farrenc.
    Titelauflagen: Bei den Verlagsnachfolgern beider Originalverlage.
    Bearbeitungen: Für Klavier zu 4 Händen: Kph., C. C. Lose. - Für
    Flöte und Klavier: (arr. P. Wagner) London, Wessel & Co.

Op. 122: STREICHQUARTETT IN A MOLL
        für Violine I-II, Viola und Violoncello

        Komp. 1831. Erstausgabe 1841

        INTRODUZIONE

FINALE

Manuskript: Partitur und Stimmen in der Kgl. Bibliothek, Kopenhagen.

Erstausgabe: Grand / Quatuor / pour / deux Violons, Viola et Violoncelle / dédié / à / son ami / Monsieur Le Chevalier Chn Waagepetersen, / Conseiller d'Etat de S. M. le Roi de Danemarc. etc. etc. / par / Fr. Kuhlau. / Oeuv. 122. Pr. 2 Rthla. 8 Gr. / Propriété de l'Editeur. / Enregistré aux archives de l'union. / Leipzig, / au Bureau de Musique de C. F. Peters. / Copenhagen, chez Lose & Olsen. / 2769. - 4 Stimmen. Plnr. 2769 [1841]. 13, 13, 13, 13 S. Folio. Stich

> Neuausgabe: Faksimileausgabe (der Stimmen). Kopenhagen, Samfundet, 3. Serie Nr. 206, 1970. Kritisch revidiert und mit Vorwort von Carsten E. Hatting.

> Erste Partiturausgabe: Titel wie oben (Faksimiledruck des Umschlages der Stimmen). Kopenhagen, Samfundet, 3. Serie Nr. 206. 1974. 103 S. 8vo. - Mit Revisionsbericht des Herausgabers Carsten E. Hatting.

Op. 123: ALLEGRO PATHETIQUE FÜR KLAVIER ZU 4 HÄNDEN

Komp.   Erstausgabe 1832

Erstausgabe: Allegro pathetique / à quatre mains / pour le Piano-Forte / composé par / Fr. Kuhlau. / Oeuvre 123. Propriété des Editeurs. Prix / Copenhague chez C. C. Lose. / à Paris, chez A. Farrenc.
- Ohne Plnr. [1832] 23 S. Querfolio. Stich.
> Angekündigt in AmZ, Jhg. 34 Nr. 37, 12/9-1832, Sp. 620. Angeführt in Whistlings Monatsbericht November-December 1832.
> Parallelausgabe: Paris, Farrenc.
> Titelauflagen: Bei den Nachfolgern der Originalverlage.

Op. 124: ADAGIO UND RONDO FÜR KLAVIER ZU 4 HÄNDEN

Komp.   Erstausgabe 1832

Erstausgabe: Adagio et Rondeau / à quatre mains / pour le
Piano-Forte / composé par / Fr. Kuhlau. / Oeuvre 124. Pro-
priété des Editeurs. Prix / Copenhague chez C. C. Lose. / à
Paris chez A. Farrenc.
- Ohne Plnr. [1832]. 17 S. Querfolio. Stich.
    Angekündigt in AmZ, Jhg. 34 Nr. 37, 12/9-1832. Angeführt in Whist-
    lings Monatsbericht November-December 1832.
    Parallelausgabe: Paris, Farrenc.
    Titelauflagen: Kph., Lose & Delbanco und Verlagsnachfolger.

Op. 125: RONDO PASTORAL IN C DUR FÜR KLAVIER
    Komp.   Erstausgabe 1832

Erstdruck: In 'Odeon', Jhg. 6, I, S. 14-22. Kopenhagen, C. C.
Lose [1832]

Erstausgabe: Rondeau pastoral / pour le / Pianoforte / compo-
sé pour / Monsieur le Baron Eric de Nolcken / à Jordberga en
Suède / par / F. Kuhlau. / Oeuv: 125. Propriété des Editeurs.
Pr. / Copenhague, chez C. C. Lose / Paris, chez A. Farrenc.
- Ohne Plnr. [1832]. 9 S. Querfolio. Stich. - Separatabdruck
aus obigem Periodicum.
    Parallelausgabe: Paris, Farrenc.
    Titelauflagen: Kph., Lose & Delbanco und Verlagsnachfolger.

Op. 126: DIVERTISSEMENT FÜR KLAVIER über Themen von Mozart
    Komp.   Erstausgabe 1833

Manuskript in der Kgl. Bibliothek, Kopenhagen.

Erstdruck:In 'Odeon', Jhg. 6, II, S. 1-11. Kopenhagen, C. C.
Lose [1833]

Erstausgabe: Divertissement / pour le / Pianoforte / sur des
thêmes favoris de Mozart / composé par / F. Kuhlau. / Oeuvre
126. Propriété des Editeurs. Prix 12 gr. / Copenhague chez C.
C. Lose. / Paris chez A. Farrenc.
- Ohne Plnr. [1833] Titel, 11 S. Querfolio. Stich. - Separatabdruck aus obigem Periodicum.

Verzeichnet in Whistlings Monatsbericht Mai-Juni 1833.
Themen: Kuhlau hat Themen aus Don Giovanni und Die Hochzeit des Figaro verwendet.
Titelauflage: Bei Nachfolgern von C. C. Lose.
Note: Die Rückseite der Erstausgabe hat einen ganzseitigen 'Catalogue des Oeuvres de Fr. Kuhlau publiés par C. C. Lose à Copenhague'
- reichend von Op. 14 bis Op. 127.

Op. 127: SONATE IN ES DUR FÜR KLAVIER

Komp. vor 1820. Erstausgabe 1833

Erstausgabe: Grande Sonate / brillante / pour le Piano-Forte /
composée et dédiée / à Monsieur Nicolai Gerson / par / F. Kuh-
lau. / Oeuvre 127. Propriété des Editeurs. Prix 1 Rthł. / Co-
penhague chez C. C. Lose. / Paris chez A. Farrenc.
- Ohne Plnr. [1833]. 25 S. Querfolio. Stich.
   Parallelausgabe: Paris, Farrenc.
   Titelauflagen: Bei den Verlagsnachfolgern der Originalverleger.
   Note: Rückseite der Erstausgabe wie Op. 126.

Nr. 128: 2 ROMANCEN AUS "HUGO VON REINBERG", Trauerspiel in 5 Akten von A. Oehlenschläger

Komp. 1814. Erstaufführung: Kopenhagen, Kgl. Theater
18/3-1814. Erstausgabe 1814.

Manuskript: Handschriftliche Partitur des Kgl. Theaters nun
in der Kgl. Bibliothek, Kopenhagen (C II, 115).

Erstausgabe: Romance / af / Hugo von Reinberg / for / Pianofort (!) / eller Guitarre / sadt i Musik / af / F: Kuhlau. /
N⁰ [1-2 hds.] / Kiöbenhavn hos C. C. Lose.
- 2 Hefte. Plnr. 1, 2. [März 1814]. 3, 3 S. Querfolio. Stich.
Nr. 2 (nur!) in Romancer og Sange, cf. Nr. 232; Bd. II S. 69-70.

Nr. 129: RØVERBORGEN - DIE RÄUBERBURG. Oper in 3 Akten
von Adam Oehlenschläger.

Komp. 1813. Erstaufführung: Kopenhagen, Kgl. Theater
26/5-1814. Erstausgabe, Klavierauszug 1815.

Singende Personen: Sopran: Adelaide, Juliane, Therese, Bir-
gitte. - Tenor: Aimar, Richard. - Bass: Amalric, Bernard,
Rocheloup, Camillo, Malcolm.

138

<u>Note</u>: Die Oper liegt in zwei Fassungen vor, wie aus den Klavieraus-
zügen hervorgeht. Ausgabe A, die Urfassung, hat Text dänisch und
deutsch und stimmt mit der Originalpartitur sowie mit der Auffüh-
rungspraxis des Kgl. Theaters überein. Doch hat die Romanze Nr. 4
in der Partitur einen anderen und längeren Text als Ausgabe A.
Ausgabe B, die 'Hamburger Fassung' ist eine Neubearbeitung der Oper.
Diese wurde am 22. März 1816 erstaufgeführt. Sie hat neue deutsche
Texte (von Oehlenschläger), und folgende Nummern weisen grössere
oder kleinere Abänderungen auf (die Nummerierung folgt obiger Aufstellung der Incipits): Nr. 3, 7, 8, 11, 12, 13, 20 und 21. Ferner
enthält Ausgabe B zwei neukomponierte Arien: Nr. 2 und 18; die letz-
tere komponierte Kuhlau für Frau Minna Becker, geb. Ambrosch, die
bei der Hamburger Aufführung Adelaide sang; die neue Arie wurde von
ihr erstmalig in Kopenhagen am 1. Mai 1816 in einem Konzert vorge-
tragen. - Diese Ausgabe hat keinen dänischen Text.
- Die Incipits folgen der Nummernordnung der Ausgabe B. Die Nummern
der Ausgabe A und die ursprünglichen deutschen Texte sind in Klam-
mern angeführt.

<u>Manuskript</u>: Die Partitur des Kgl. Theaters befindet sich nun
in der Kgl. Bibliothek, Kopenhagen (C II, 115).

<u>Libretto, Erstausgabe</u>: Røverborgen. Syngespil af Adam Oehlen-
schläger. Kjøbenhavn [April] 1814. Trykt paa Forfatterens
Forlag hos Boas Brünnich. (4), 159 S. 8vo.

KLAVIERAUSZUG:
A: Erstausgabe: Røverborgen. / Syngespil i tre Acter, / af /
Professor Oehlenslaeger. / Sadt i Musik og arrangeret i Cla-
veerudtog, / af / F: Kuhlau, / Kongl: Kammermusicus. / Kiø-
benhavn hos C C: Lose / H: Wenzler scrip:
- Ohne Plnr. [1815]. Titel, 1 Blatt (Personen und Inhalt),
130 S. Querfolio. Typendruck, Titelseite jedoch lithografisch
Text: dänisch und deutsch.
A: Titelvariante: Die Ræuberburg / Oper in dreÿ Aufzügen /
von / Professor Oehlenschläeger / in Musik gesezt und fürs
Pianoforte arrangirt / von / F Kuhlau / Königl: Kammermusicus.
/ Eigenthum des Verlegers. / Kopenhagen beÿ C: C: Lose. / H:
Wenzler sc:
- Im übrigen mit obiger Erstausgabe identisch.

B: 2. Fassung: Die / Räuberburg / grosse Oper in drey Aufzü-
gen / von / Fried. Kuhlau. / Neuer, vermehrter und ganz umge-
arbeiterter / Clavierauszug vom Componisten. / Eigenthum des
Verlegers. / Hamburg bei A. Cranz.
- Ohne Plnr. [vor 1823]. Titel, 151 S. Querfolio. Stich. -
Diese Ausgabe hat nur deutschen Text.
Ausführliche Recension in AmZ, Jhg. 24 Nr. 47, 20/11-1822,Sp.757 ff.

Neuausgabe: Röverborgen. Syngespil i 3 Acter af Oehlenschlæ-
ger. Musiken af Fr. Kuhlau. [Porträtvignette]. Fuldstændigt
Klaveerudtog. Nye Udgave. Kjöbenhavn. Forlagt af P. W. Olsen
Kongl. Hof Musikhandler. Pr. 6 Rbd. Em. Bærentzen & Cọ lith.
Inst. - Titel, 117 S. Stich; Titel jedoch in Lithographie mit
schön gestaltetem Rahmen, Szenen aus der Oper darstellend.
Diese Ausgabe erschien in Lieferungen 1846-47. Es handelt sich hier
um einen Neudruck der Erstausgabe A mit dänischem Text (nur).
- Titelauflage: Kopenhagen, Wilhelm Hansen. Überdruck.

OUVERTURE:
Erstausgabe, Klavier 2ms: Ouverture / aus der / Oper: die
Räuberburg / Röverborgen / componirt und für's Piano=Forte /
arrangirt / von / Fọ Kuhlau. / Copenhagen, / beÿ C. C. Lose.
- Ohne Plnr. [1815]. 8 S. Querfolio. Stich. - Separatabdruck
aus dem Klavierauszug A.
Titelauflage: C. C. Lose und Nachfolger.
Neuausgaben: Zahlreiche Neudrucke dänischer und ausländischer Ver-
leger; Hamburg, Cranz (vor 1823). Leipzig, Hofmeister (vor 1828).
Wolfenbüttel, Hartmann (vor 1828) etc.
Erstausgabe, Klavier 4ms: Ouverture / aus der / Oper: die
Räuberburg/ für das Pianoforte / zu vier Händen eingerichtet /
vom / Componisten. / Eigenthum des Verlegers. / Hamburg bei
A. Cranz.
- Ohne Plnr. [ca. 1822] 13 S. Querfolio. Stich.
Neuausgaben: Hamburg, Cranz (Hochfolio). Kopenhagen, C. C. Lose und
Verlagsnachfolger.
Bearbeitung: Ouverture für Klavier, Violine und Flöte. Cranz (1822)
- Ouverture für 2 Violinen: Kopenhagen, Milde.

Erstausgabe, Orchester: Fr. Kuhlau. Ouverture til Syngestykket "Røverborgen". Partitur. København, Samfundet til Udgivelse af dansk Musik. 3. Serie Nr. 101. 1948. 43 S. Folio.
- Mit kurzer Revisionsbericht des Herausgebers Sven Lunn,M.A.
- Gleichzeitig erschienen Orchesterstimmen hierzu.
Besetzung: 2 Flöten, 2 Oboen, 2 Clarinetten, 2 Fagotte. 2 Hörner,
2 Trompeten. Timpani. Streicher.

EINZELAUSGABEN:
Für Gesang und Klavier: Hamburg, Cranz: Aus Ausgabe B (2. Fassung) erschienen gleichzeitig Separatausgaben aller Nummern.
Kopenhagen, Lose: Nr. 4, 5, 12 und 14; Text dänisch und
deutsch. - Kopenhagen, P. W. Olsen: Aus der Neuausgabe sind
alle 19 Nummern in Einzelausgaben erschienen. Titelauflagen
davon bei Wilh. Hansen.
Für Gesang und Guitarre: Vier Arien aus der Oper Die Räuberburg componirt von F. Kuhlau und arrangirt für die Guitarre
von F: W: C: Pedersen. Copenhagen, C: C: Lose. - Ohne Plnr.
[vor 1818] 10 S. Querfolio. Lithographie.
Enthält Nr. 4, 5, 12 und 14 mit Text dänisch.

Sonstiges:
Nr. 12 ist Thema der Klaviervariationen opus 18, q. v.
Bearbeitungen:
Ouverture et Morceaux Choisis de l'Opera Die Räuberburg de Fried.
Kuhlau. arrangés en Duos pour Deux Violons. Propriété de l'Editeur.
Copenhague chez C. D. Milde [der vermutlich auch der Bearbeiter ist]
- 2 Stimmen. Ohne Plnr. (vor 1818). 15, 11 S. Folio. - Enthält die
Ouverture und Nr. 1-11 (jedoch nicht die entsprechenden Nummern des
Klavierauszuges).
- Auswahl beliebter Stücke aus der Oper: Die Räuberburg für das
Piano-Forte allein. Musik von F. Kuhlau. Hamburg, Cranz. Ohne Plnr.
(vor 1825). 21 S. Querfolio.
- Röverborgen ... Udtog for Pianoforte ved Diemitri Lizinsky. Kbh.,
Wilhelm Hansen. Plnr. 3737 (1879). 11 S. Folio.
- Adolph Nathan: 'Fru Ingeborg Westenholz i London tilegnet' - 'Jeg
gjerne döer, skjöndt uden Mod' Thema af Röverborgen [Nr. 14] varie-
ret for Pianoforte. Op. 7. Kbh., Horneman & Erslev. Plnr. 257 (1852)
11 S. Folio.

Nr. 130: DEN LYKKELIGE HERO [DER GLÜCKLICHE HERO]. Lyrische
         Scene von L. C. Sander.

         Komp. ca. 1819. Die Musik ist ungedruckt.

Text: Den lykkelige Hero. / En lyrisk Scene, / sat i Musik af
Kuhlau. / "Hvor længe, hvor længe, Udkaarne, dvæler Du?" /
Af Sander. - Kopenhagen ohne Jahr. (4) S. 8vo.
    Note: Die Musik ist verschollen. Laut dem Kopenhagener Tageblatt
    'Dagen' Nr. 56, 1819, wurde am 10. März 1819 in einem Konzert unter
    Leitung von Claus Schall als Nr. 2 aufgeführt: Den lykkelige Hero, -
    grosse lyrische Scene von Prof. L. C. Sander, in Musik gesetzt von
    Kammermusikus Kuhlau mit obligatem Violoncell-Solo, von Herrn Kapel-
    musikus [Fr.] Funck und Jfr. R. W. Löffler ausgeführt ...

Nr. 131: 2 LIEDER AUS "ALADDIN" von A. Oehlenschläger

Komp. 1816-30. Erstaufführung: Kopenhagen, Kgl.Theater 17/4-1839. Erstausgabe 1839.

Note: Für die Dramatisierung von 'Aladdin', die am 17/4-1839 erstaufgeführt wurde, war die Musik nach Idéen des Inszenators Aug.Bournonville vom Konzertmeister P. Funck aus Werken Kuhlaus zusammengestellt. Hierüber berichtet Thrane S. 82 f (dänisch S. 172) - In dieser Form wurden die beiden Lieder herausgegeben. Nr. 1 ist identisch mit dem Lied Nr. 1 in Opus 115 "Die Drillingsbrüder von Damaskus". Nr. 2 ist der ungedruckten Musik zur Oper 'Die Zauberharfe', Opus 27, entnommen.
Die Lieder sind nicht in Romancer og Sange, Nr. 232, aufgenommen.

Erstdruck: In 'Musikalsk Theater Journal' Jhg. 13, Bd. II. Kopenhagen, C. C. Lose & Olsen [1839].
Erstausgabe: Nr. 1: Vise af Skuespillet / Aladdin / "Lykken ei tvinges maa" / for / Pianoforte. / Kiöbenhavn hos C: C: Lose & Olsen. - Titel, S. 9-11. Querfolio. Stich.
Nr. 2: Romance / af / Skuespillet / Aladdin / "Kom nu min Yngling kjære" / for / Pianoforte. / Kiöbenhavn hos C: C: Lose & Olsen. - Titel, S. 22-24. Querfolio. Stich. - Es sind Separatausgaben aus obigem Periodicum mit dessen Paginierung, noch im Jahre 1839 einzeln erschienen.
Nicht in Romancer og Sange, Nr. 232, aufgenommen.

Nr. 132: TIL GLÆDEN / AN DIE FREUDE
Für Soli, Chor und Orchester

Komp. 1813. Verschollen.

Die Musik blieb ungedruckt und ist grösstenteils verschollen. Doch besitzt die Kgl. Bibliothek, Kopenhagen, in Abschrift einzelne Chorstimmen (Alti und Basso I-II)

Thrane S. 86 (dänisch S. 176): Unter dem 17. Mai 1813 sandte der König an Prof. Kunzen zur Aufbewahrung eine von Kuhlau componirte und Ihro Majestät 'offerirte Sonate über Schiller's Text ... Diese sogenannte Sonate ist ohne Zweifel die oben genannte Cantate.' Weiter schreibt Thrane a. a. Ort: - welche noch im Manuscript als Klavierauszug existirt-' - den Klavierauszug habe ich leider nicht gefunden. - Laut dem Kopenhagener Tagesblatt 'Dagen' Nr. 122, 21/5-1816, wurde am 23/5-1816 in einem Konzert im Saal der Musikalischen Akademie zur Aufführung gebracht 'Hymne an die Freude, die Worte nach Schiller von Herrn Professor Oehlenschläger, Musik von Herrn Kammermusikus Kuhlau. Die Hauptpartien werden von Madame Dahlén und von den Herren Rind und Rosenkilde ausgeführt'. - Oehlenschläger's Text 'Hymne til Glæden. (Efter Schiller)' war schon 1801 erschienen.

Nr. 133: KANTATINO. Für zwei Soprane und gemischten Chor mit Flöte und Streichorchester.

Komp. um 1814. Ungedruckt.

Quelle: Handschriftliche Partitur (vermutlich in Abschrift) in der Kgl. Bibliothek, Kopenhagen. 12 Blätter in Querfolio. Der Chor Nr. 3 hat nur dänischen Text. - Thrane erwähnt S. 45 (dänisch S. 125) das Werk '... geschrieben für eine musikalische Gesellschaft in Helsingør zu einem Feste zu Ehren Friedrich's VI.' Kuhlau trat in Helsingør in einem Konzert im Februar 1815 auf.

Nr. 134: REFORMATIONSKANTATE

Komp. 1817. Musik ungedruckt und verschollen

Note: Zur Reformationsfeier 1817 verfasste Fr. Høegh-Guldberg eine Kantate "Sangdigt ved Høitideligholdelsen paa Universitetet i Kjøbenhavn i Anledning af Reformationsfesten 1817", die Kuhlau in Musik setzte. Der Text wurde wiedergedruckt in Dansk Minerva V, 1817, Nov. S. 34-47. - Eine zweite Kantate von demselben Dichter komponierte C. E. F. Weyse; diese wurde in der Trinitatis-Kirche aufgeführt. - Cf. Thrane S. 45 (dänisch S. 125); Weyse: Breve, Bd. II, S. 290.

Nr. 135: SØRGEKANTATE [TRAUERKANTATE]

Komp. 1818. Musik ungedruckt und verschollen

Note: Zur Trauerfeier der Universität am 17. December 1818 über Graf Joachim Godske Moltke (1746-1818) wurde K. L. Rahbek's Kantate mit Kuhlau's Musik zugeführt in der Trinitatis-Kirche. Der Text wurde im Kopenhagener Tageblatt 'Dagen' Nr. 301, 18/12-1818 abgedruckt.

Nr. 136: FORMÆLINGSKANTATE [VERMÄHLUNGS-KANTATE]

Komp. 1828. Ungedruckt

Allegro vivace

Hör den höi - e Ju bel - röst

Andante
Rec.

Vor Fredriks og Ma - ri - as hul - de Dat - ter

Andantino
Terzet

See, de glæ - de - svang-re Da - ge

Allegro
Rec.

Det gam - le Danmark hen - te fro og trøstigt

Adagio
Quartetto

Vel - sig - nen - de see i det Höi - e

Allegro moderato
Rec.

O Prinds! og hav-de Fæd-re - lan-det end eet

Allegretto marcato
Duet med Chor

Le - ve Danmarks Lyst og Haab

Quelle: Handschriftlicher Klavierauszug in der Kgl. Biblio-
thek, Kopenhagen (C II, 150):
Cantate / Opfört i Anledning af den höie Formæling / imellem /
Deres Kongelige Höiheder / Prindsesse Wilhelmine Marie / og /
Prinds Carl Frederik Christian / hos / Hans Kongelige Höihed
Prinds Christian. / Texten af Professor, Etatsraad Rahbeck /
Musikken af Professor Kuhlau. / Claveer-Udtog.
- 33 nicht paginierte Blatter in Querfolio. Abschrift.
   Note: Am Ende des Klavierauszuges, Bl. 31 recto steht 'Wiederholung
des ersten Chors (ohne instrumentale Einleitung).'
Besetzung: Sopran, Alt, Tenor und Bass soli mit gemischten Chor.
- Die Kantate wurde komponiert zu dem Fest anlässlich der Vermählung
des späteren Königs Friedrich VII, - wie auch opus 100 und Nr. 140.

Nr. 137: TVENDE FOLKESANGE - [ZWEI VOLKSLIEDER]
          für Gesang und Klavier; Nr. 2 mit Orchester

          Komp. ca. 1819. Erstausgabe 1819

Blidt

Land, hvor jeg ved min Moders Hjer-te

Langsom og höitidelig

Saa smi-ler, som Bar-net i Vug - ge

Erstausgabe: Tvende Folkesange, / componerede af / Kammermusicus Fr. Kuhlau / til Texter af / Professor Fr. Höegh-Guldberg. / Begge for een Syngestemme med Ledsagelse af Fortepiano; / men den anden desuden for tre Mandsstemmer / og tillige
indrettet for fuldt Orchester. / Kjöbenhavn 1819. / -
[Umschlag:] Ordene ere trykte i det schultziske Officin, No-
derne hos Musikhandler Lose.
- Ohne Plnr. Erschienen 1819. 9 S. Querfolio. Noten in Stich,
Texte in Typographie - wie auch der Titel.
Inhalt: Nr. 1 und 2 für Gesang und Klavier. - Nr. 2 'For tre Mandsstemmer uden, eller med forudgaaende Ledsagelse af Fortepiano' -
[für Tenor I-II und Bass mit oder ohne Fortepiano]. - Nr. 2 in Partitur für gemischten Chor mit Orchester: Timpani; 2 Clarini in F,
2 Corni in F; 2 Flauti, 2 Oboi, 2 Clarinetti in C, 2 Fagotti; Violino 1mo e 2do, Viola; Sopran, Alt, Tenor, Bass; Bassi.
- Die Lieder sind nicht in Romancer og Sange (cf. Nr. 232) enthalten.
Neuausgabe von Nr. 2: In 'Eidora. Taschenbuch auf das Jahr 1824.
Zweiter Jahrgang. Hrsg. von H. Gardthausen. Schleswig (1823). Auf
S. 137-138 der dänische Text. S. 139-140: Dänisches Nationallied
nach Guldberg von Klausen "Du lächelst, o Dana, mit Auen". Die Musik
ist auf der danach folgenden Tafel abgedruckt.
Aufführung: Am 12/2-1820 wurde der Geburtstag des Königs gefeiert in
'Gjethuset' [Giesshaus] ; diese frühere Waffenschmiede diente als
Offiziersakademie der Artillerie. Bei dieser Gelegenheit wurde Nr. 2
von den Offizieren abgesungen und als Marsch gespielt. Cf. Nr. 138.

Nr. 138: MARSCH MED CHOR. Für Klavier mit Chor ad lib.

Komp. ca. 1820. Erstausgabe 1821

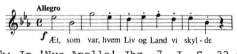

Erstdruck: In 'Nye Apollo' Jhg. 7, I, S. 22 ff. Kopenhagen,
C. C. Lose [1821]

Erstausgabe: Marsch / med Chor (ad libitum) / opfört ved Höj-
tideligheden paa Giethuset i Anledning af / Hans Majestæts
Allerhöjeste / Födselsdag / componered og udsat / for / Piano-
forte / af / F. Kuhlau / Kiöbenhavn hos C. C. Lose.
- Ohne Plnr. [1821]. 3 S. Querfolio (Klavier), S. 4: Coro,
Partitur TTBB. Stich. - Separatdruck aus obigem Periodicum.
   Cf. Kommentar zu Nr. 137.

Nr. 139: DEN KRONEDE NORSKE NATIONALSANG.
Für Männerchor mit Klavier.

Komp. 1821. Erstausgabe 1822

146

Erstdruck: In: 'Nye Apollo' Jhg. 8, I, S. 46-47. Kopenhagen,
C. C. Lose [1822]

Erstausgabe: Den kronede norske Nationalsang / (Vignette: ge-
krönter Löwe) / af / H. A. Bjerregaard / componered og udsat
for / Piano-Forte / af / F. Kuhlau. / Kiöbenhavn hos C. C.
Lose.
- Ohne Plnr. [1822]. 3 S. Querfolio. Stich. Klavierauszug für
Tenor I-II und Bass I-II mit Klavier.
Note: Am 5/12-1820 gewann der Dichter H. A. Bjerregaard mit diesem
Text den vom Grosshändler M. Plöen in Christiania (Oslo) gestifteten
Preis für ein norwegisches Nationallied. Am 11/12-1820 stiftete
Plöen noch 100 Speciethaler für eine Melodie dazu. Den Preis erwarb
der norwegische Komponist Chr. Blom. - Cf. Nils Grinde: Norsk Musikk-
historie, Oslo 1971, S. 116 f.

Nr. 140: SANG FOR LAND-CADETTER. Klavierauszug

Komp. 1828. Erstausgabe 1828

Erstausgabe: Sang / for de kongelige Land-Cadetter / den 2.
November 1828. / I Anledning af Deres Kongelige Höiheder /
Prinds / Frederik Carl Christian's / og / Prindsesse / Wil-
mine Maria's / höie Formaeling. / Texten af Capitain J. A.
Fibiger. / Musiken af Professor F. Kuhlau. / Klaveerudtog. /
Kjöbenhavn. / Forlagt af C. C. Lose, Titlen trykt hos Jacob
Behrend, Myntergaden Nr. 43.
- Ohne Plnr. [1828]. Titelseite (typographisch), 3 S. gestoch-
ene Noten; Klavierauszug für Tenor I-II und Bass I-II mit
Klavier.
Note: Für diese Hochzeit des späteren Königs Friedrich VII komponier-
te Kuhlau auch die Kantate Nr. 136 und die 'Elverhøj'-Musik, op.100.

Nr. 141: FORTRÆNGT BLEV MØRKET. Für Männerchor mit Guitarre

Komp. ?   Ungedruckt

Quelle: Die Komposition liegt in der Kgl. Bibliothek, Kopenhagen in Autograph vor, in Notation für Tenore I-II, Basso
und Guitarre. Sie umfasst 28 Takte.

Nr. 142: FREUNDE, WIE SCHÖN. Lied für 2 Soprane, Tenor und
Bass mit Pianoforte

  Komp. Erstausgabe 1824

Freun-de, wie schön! Senkt sich der A - bend so

Erstausgabe: In: Eidora, Taschenbuch auf das Jahr 1825 ...
Hrsg. von H. Gardthausen. Leipzig, Altona, Kopenhagen. 1824.
Text auf S. 114-115. Musik auf lithographierter Falttafel.

Nr. 143: 2 MOSAISCHE CHORÄLE.

  Komp. 1817. Erstausgabe 1826.

Be - trag-ter jeg dit Værk, o Gud

Fra Slægt til Slægt din Al - magts Væl - de

Erstdruck (in Ziffernotation) in: Mosaisk Melodibog, /1ste
Hefte, / indeholdende: / 7 Choraler af Hr. Prof. C. A. F.
Weyse, / 2 Choraler af Hr. Kammermusikus Kuhlau ... / til Hr.
Seminariilærer, Cand. Theol. C. J. Boye's / metriske Oversæt-
telse af 11 Davidiske Psalmer / ... / til Brug ved den mo-
saiske Ungdoms Confirmation / i Kjøbenhavn. / Udgivet i Ziffre
/ af / J. W. Bruun / ... Kjøbenhavn 1826.
- Ohne Plnr. 16 S. 8vo. Typographie. Die Melodien liegen nur
in Ziffernotation vor.
> Note: Am 19/5-1817 wurde erstmalig in der jüdischen Gemeinde zu Ko-
> penhagen Konfirmation gehalten. Gesungen wurden C. J. Boye's freie
> dänische Übersetzungen einiger Davids Psalmen, die von Weyse, Kuhlau
> und A.D. Heger komponiert waren. Und Kuhlau begleitete den Gesang
> auf der Orgel!

Nr. 144: NICE SE PIÙ NON M'AMI. Duettino mit Klavier

  Komp. Erstausgabe vor 1808

Ni - ce se piu non m'a - mi
Dein Blick ist nicht mehr hei - ter

Erstausgabe: Duettino / (: Nice se più non m'ami:) / per il /
Forte=Piano / del / Sig.r F. Kuhlau. / Altona, presso Ludovi-
co Rudolphus.
- Ohne Plnr. [vor 1808]. (3) S. Querfolio. Stich.
> Neuausgabe: Hamburg, Cranz: Duettino: Nice se più non m'ami (dein
> Blick ist nicht mehr heiter) mit Pianoforte-Begleitung. (1819).
> - Diese Ausgabe angezeigt in AmZ, Intelligenzblatt IV, Juni 1823.

148

Nr. 145: DIE ABTISSIN UND DIE NONNE. Wechselgesang mit Klavier

Komp.   Erstausgabe um 1810

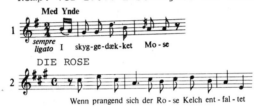

Erstausgabe: Die Abtissinn und die Nonne. / Wechselgesang /
von / T^H v. K. / in Musik gesetzt / für's / Piano-Forte / von
/ F^R Kuhlau. / Hamburg, bey Joh: Aug: Böhme. / N⁰ 72 gr:
Bäckerstrasse.
- Ohne Plnr. [um 1810]. 3 S. Querfolio. Stich.
Neuausgabe: Abgedruckt in: Cornelia. Taschenbuch für Deutsche Frauen
auf das Jahr 1818. Hrsg. von Aloys Schreiber. 3. Jhg. Heidelberg
1818. 8vo. - Notenbeilage: Die Abtissin und die Nonne. Ein Wechselgesang von Theodor von Kobbe, componirt von F. Kuhlau.

Nr. 146: DIE BLUMEN. Für Gesang und Klavier

Komp. vor 1808. Erstausgabe vor 1808

Erstausgabe: Die / Blumen / in Musik gesezt / von / F^R Kuhlau.
/ N⁰ / Altona / bei L. Rudolphus / grüne Strasse ⁰⁄⁄ 188.
- 6 Hefte. Ohne Plnr. [ca. 1807]. 4to. Stich.
Zur Ausgabe: Im Verlagsverzeichnis, L. Rudolphus, in Altona, Breite-
strasse, No. 360. Altona, 1807; S. 6 steht:
Die Blumen. Sechs Gedichte von J. Scholz; Für's Fortepiano, mit 6
ausgemalten Kupfern, geb. ... 2 Mk. 8 s. - Einzeln, ohne Kupfer ...
Nro. 1. Das Vergiss-mein-nicht. Nro. 2. Die Rose. Nro. 3. Die Lilie.
Nro. 4. Die Nelke. Nro. 5. Das Gänseblümchen. Nro. 6. Die Kornblume.
- Leider war mir nur Nr. 2 - ohne Illustration - auffindbar.

Neuausgabe Nr. 1: Forglem mig ei! / - / En Sang for Klaveer / af /
F. Kuhlau, / omarbeidet efter Scholz. / ved / N. T. Bruun. / Kiøben-
havn. / Trykt hos S. Sønnichsen, paa L. Beekens Forlag.
- Ohne Plnr. [1817]. 1 Blatt gefaltet: Titel in 4to, Musik 1 S. Quer-
folio. Typendruck.
Angezeigt in 'Dagen' Nr. 186, 5/8-1817.
Neuausgabe: In Romancer og Sange (cf. Nr. 232) Bd. II, S. 81, und in
Separatabdruck davon.
Bearbeitung: Die Blumen. Für 2 Flöten eingerichtet. - In dem oben an-
geführten Verlagsverzeichnis von Rudolphus, S. 20. Diese Ausgabe
habe ich nicht gesehen.

Nr. 147: DAS VEILCHEN. Für Gesang und Klavier

      Komp. vor 1808. Erstausgabe vor 1808

Note: In dem oben angeführten Verlagsverzeichnis von Rudolphus, 1807,
S. 7: "Das Veilchen; Gedicht von C. Müchler, mit 1 ausgemalter Blume
..." Hiervon habe ich kein Exemplar finden können.

Nr. 148: ARIE AUS 'EINER FÜR DREY'. Für Gesang und Klavier

Note: Das unter Nr. 146 erwähnte Verlagsverzeichnis von Rudolphus,
1807, verzeichnet S. 7 "Arie, aus d. Intermezzo: Einer für Drey ...
4 sch". Hiervon habe ich kein Exemplar finden können.

Nr. 149: LEICHTE STÜCKE FÜR KLAVIER UND GESANG

      Komp. vor 1810. Erstausgabe vor 1810

MAYLIED

Laßt den Früh-ling uns ge - nies - sen

Drexler

MINNA AN DIE NACHT

O du Ge - treu - e   sie - he ich wei - he

MEIN GLÜKK (!)   K

Tau - send Din-ge sind hie - nie-den

WIEGENLIED EINER ZÄRTLICHEN MUTTER

Schla-fe hol-des Mäd-chen

WIEGENLIED

Schlumm - re, lie - bes Knä - be - lein

Ernst Müller

MINNA, ALS IHR TRAUTER VON IHR SCHIED

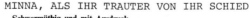

Sie naht!   die ban-ge Stun-de

E. Müller

Erstausgabe: Leichte Stücke / für / Clavier und Gesang / von / Kuhlau. / Hamburg und Altona / bei Gottf. Vollmer. - Ohne Plnr. [vor 1810]. 6 S. Querfolio. Stich. - Notation auf zwei Systemen mit Text.
Nicht in Romancer og Sange.

Nr. 150: RESIGNATION. Für Gesang und Klavier

Komp. vor 1810. Erstausgabe ca. 1810

Ja, ich will, o Schick-sal, mich ge - nü - gen

Erstausgabe: Resignazion / Lied / Ja, ich will, o Schicksal, mich genügen, / für's Forte-Piano / von / F. Kuhlau / Hamburg bey Ioh. Aug. Böhme. - Ohne Plnr. [ca. 1810]. (3) S. Querfolio. Stich.
Nicht in Romancer og Sange.

Nr. 151: KENNST DU DAS LAND. Für Gesang und Klavier

Komp. vor 1810. Erstausgabe ca. 1810

Mit Gefühl
p
Kennst du das Land und seine hei-tern Höh'n
Baggesen

Erstausgabe: Parodie / Lied / Kennst du das Land und seine heitern Höh'n / für's / Forte-Piano / von / F. Kuhlau. / Hamburg bey Ioh. Aug. Böhme. - Ohne Plnr. [ca. 1810]. (3) S. Querfolio. Stich.
Nicht in Romancer og Sange.

Nr. 152: DAS MÄDCHEN IM BADE. Für Gesang und Klavier

Komp. vor 1811. Erstausgabe ca. 1810.

Verschollen. - Das Lied ist - mit anderen - angezeigt in dem Kopenhagener Tagesblatt 'Adresseavisen' 1811, Nr. 22, 26. Januar. Kein Exemplar wurde gefunden.

Nr. 153: TRE CANZONETTI FÜR GESANG UND KLAVIER

Komp. 1813. Erstausgabe 1818/19

Allegretto grazioso

Fra un dol-ce de - li-ro son lie-to   e so - spi-ro

Ven-ni a - mo - re   nel tuo reg - no

Can - ta la   sto-ria   che v'era un tem-pio

Erstausgabe: Tre Canzonetti / con accompagnamento / di / Pianoforte / di / F. Kuhlau. / Lipsia, / Presso C. F. Peters. / Pr. 16 gr.
- Plnr. 1423 [1818/19]. 15 S. Querfolio. Stich.
  Kurze Besprechung in AmZ, Jhg. 21 Nr. 33, 18/8-1819.
  In Romancer og Sange Bd. II, S. 23-36, mit Text italienisch und dänisch.

Nr. 154: ROMANCE TIL DEN 1. JANUAR, für Gesang und Klavier

Komp. 1813. Erstausgabe 1813

Nor-dens Schiönne! Sangens Me - lo - di - er

N. T. Bruun

Erstdruck in: Musikalsk / Nyt Aars Gave / for / Piano Fort (!) / Kiöbenhavn hos C: Lose et Com:
- Ohne Plnr. [1813]. 12 S. 8vo. Stich.
- Auf S. 2-3: Romance til den Iste Ianuari.
  Note: Der Druck ist ohne Komponistnamen. In einer Anzeige im Kopenhagener Tagesblatt Adresseavisen Nr. 303, 27/12-1813, ist Kuhlau als Komponist angeführt.
  Nicht in Romancer og Sange.

Nr. 155: FRISCH AUF ZUR FREUDE, für Gesang und Klavier

Komp. 1814. Erstausgabe 1842

Frisch auf zur Freu-de stim - met eu - re   Lei - er!

Mygind

Erstdruck in: Sangfuglen (Der Singvogel), et Blad for Kjendere og Elskere af Musik ... udg. af J. C. Gebauer. Kbh., Em. Bærentzen & Co. 1. Hefte. 1842. [S. 11]:
Improvisation am Geburtstage eines Freundes den 15ten August 1814. Fr. Kuhlau.
  Nicht in Romancer og Sange.

152

Nr. 156: RASTLOSE LIEBE. Für Gesang und Klavier
Komp.   Erstausgabe ca. 1815

Erstausgabe: Rastlose Liebe / Gedicht von Göthe / für eine
Singstimme / Mit Begleitung des Pianoforte / In Musik gesetzt
/ von / Fried. Kuhlau. / Hamburg, bei A. Cranz.
- Ohne Plnr. [ca. 1815]. 7 S. Querfolio. Stich.
   In Romancer og Sange Bd. I, S. 26.
   Neuausgabe: Kbh., C. C. Lose; Einzeldruck aus obiger Sammlung.

Nr. 157: EVIGHEDSBLOMSTEN. Für Gesang und Klavier
   Komp. ca. 1818. Erstausgabe 1818

Erstdruck: In 'Nye Apollo', Jhg. 4, I, S. 37 ff. Kopenhagen,
C. C. Lose [1818]

Erstausgabe: Evigheds Blomsten / af / F: Högh Guldberg. / sat
i Musik af / F: Kuhlau / Klaveerudtog / Kiöbenhavn hos C: C:
Lose
- Ohne Plnr. [1818]. S. 37-39. Querfolio. Stich. - Separatab-
druck aus obigem Periodicum mit dessen Platten und S. 37 auch
mit der Plattenbezeichnung 'N.A.4.A.1.B.4.H.'
   Note: Das Lied hat vierstimmigen Schlusschor.
   Nicht in Romancer og Sange.

Nr. 158: MAANEDSROSER. 4 Gesänge mit Klavier
   Komp. 1818. Erstausgabe 1818

SANG FRA DET FJERNE (EFTER MATTHISON)

OLDINGENS ADVARSEL

F. Höegh-Guldberg

Erstausgabe: Maanedsroser / En Samling af danske Digte / componerede / for Sang med Accompagnement / af / Pianoforte / af / F: Kuhlau. / 1 Aarg ... 1 Hef: / Kiöbenhavn hos C: C: Lose - Ohne Plnr. [1818]. 12 S. Querfolio. Stich.
Neuausgaben: Nr. 2 und 3 wurden 1819 aufgenommen in 'Deutsche Gesänge', op. 19.
In Romancer og Sange (cf. Nr. 232) sind alle vier Lieder mit Text dänisch und deutsch aufgenommen: Nr. 1: II, 84. Nr. 2: I, 104. Nr.3: I, 102. Nr. 4: II, 86.
Einzelne Neudrucke: Nr. 1 in 'Musikalsk Anthologie' Jhg. II (1857). Nr. 2 in 'Musikalsk Museum' Jhg. 9 Heft 11 (1854) - und Separatausgabe davon. Nr. 2 in 'Musikalsk Anthologie' Jhg. IV, 1859.
Bearbeitung: Nr. 1 und 3 für Gesang mit Guitarre. Kph., C.C.Lose

Nr. 159: URANIA. Für Gesang und Klavier

Komp.   Erstausgabe ca. 1820

Overskou

Erstausgabe: In: Urania / Samling af / udvalgte Arier og Romancer / for Pianoforte og Sang / af berömte Componister / 1ste Hefte. / Kiöbenhavn hos C. C. Lose.
- Ohne Plnr. [ca. 1820]. 18 S. Querfolio. Stich.
Note: Das Heft enthält 7 Lieder von verschiedenen Komponisten, Kuhlau's 'Urania' ist Nr. 1 (S. 4-7) und hat vermutlich den Titel des Heftes veranlasst. Die übrigen Komponisten sind: H. G. Nägeli, Ferd. Paer, G. Rossini, H. Romagnesi, Ch. H. Plantade und C. M. v. Weber.
Titelvariante: Das Heft existiert auch mit Umschlagtitel 'Jule- og Nytaarsgave for Pianofortespillere.
Neuausgabe: In Romancer og Sange (cf. 232) Bd. II S. 10, und in Einzelausgabe daraus.

Nr. 160: RANK STAAR MED HJELMEN. Für Gesang und Klavier

Komp. 1822. Erstausgabe 1822

Erstdruck: In 'Nye Apollo' Jhg. 8, I, S. 26-27. Kopenhagen, C. C. Lose [1822].

Kopftitel: Sang opført ved Det kgl. Artillericorps Højtide-
ligholdelse af Kongens Fødselsdag 1822.

Erstausgabe: Sang / af / F. Höegh-Guldberg / componeret og
udsat / for / Pianoforte / af / F. Kuhlau / Kiöbenhavn hos
C. C. Lose.
- Ohne Plnr. [1822]. 3 S. Querfolio. Stich. - Separatabdruck
aus obigem Periodicum.
Neuausgabe:In Romancer og Sange (cf. Nr. 232) Bd. II, S. 82, und in
Einzelausgabe daraus.

Nr. 161: DER ENTFERNTE AN DEN MOND. Für Gesang und Klavier

Komp. ca. 1822. Erstausgabe 1822

Ein-sam irr' ich hin und her,

H. Gardthausen

Erstausgabe: Der Entfernte an den Mond / Einsam irr ich hin
und her / mit / Begleitung des Pianoforte / von / Fr. Kuhlau.
/ Braunschweig / im Musikalischen Magazine auf der Höhe. /
1678. 4 ggr.
- Plnr. 1678 [ca. 1823]. 3 S. Querfolio. Stich.
Neuausgabe: In: Eidora, Taschenbuch auf das Jahr 1825. Dritter Jahr-
gang. Hrsg. von H. Gardthausen. In Commission bey Carl Cnobloch in
Leipzig, Carl Busch in Altona und Fr. Brummer in Copenhagen. -
Text auf S. 196-7, Musik auf lithographischer Tafel.
- Nicht in Romancer og Sange.

Nr. 162: I VAAREN - IM FRÜHLING. Für Gesang und Klavier

Komp. ca. 1823. Erstausgabe 1823

Saa er du kommen da, o Vaar!

Erstdruck: In 'Nye Apollo' Jhg. 9, I, S. 66-67. Kopenhagen,
C. C. Lose [1823]

Erstausgabe: I Vaaren / Romance af N. V. Dorph / componered
for / Pianoforte / af / Fr: Kuhlau / Kiöbenhavn hos C. C.
Lose.
- Ohne Plnr. [1823]. Titel, S. 66-67. Querfolio. Stich. -
Separatabdruck aus obigem Periodicum.
Neuausgabe: In Romancer og Sange (cf. Nr. 232) Bd. I, S. 100. Die
deutsche Übersetzung rührt von dieser Ausgabe her, die auch als
Einzeldruck erschien.
Bearbeitung: Für Gesang mit Guitarre: Kph., C. C. Lose.

Nr. 163: SANG TIL FRIHEDEN. Für Gesang und Klavier

Komp. ca. 1824. Erstausgabe 1824

H. A. Bjerregaard

Erstausgabe: Sang til / Friheden / sat i Musik af / Frid$\bar{r}$
Kuhlau. / Christiania / Steentryk af L. Fehr et Sőn.
- Ohne Plnr. [1824]. (3) S. Folio. Lithographie.
Bearbeitung: Für Männerchor: In 'Braga', Cyclus af nordiske Sange,
Bd. 2. Kph., C.C.Lose & Olsen (1844).

Nr. 164: 2 LIEDER AUS 'FJELDEVENTYRET'. Für Gesang und Klavier

Komp. 1824/25. Erstausgabe 1825

H. A. Bjerregaard

H. A. Bjerregaard

Erstausgabe: Sang / af Sÿngestÿkket: / Fieldeventyret. / Me-
lodien / af / F. Kuhlau. / [Incipit in Ovale] / Forlæggerens
Eiendom. / Christiania / i H: T: Winthers Musik, og Boghand-
ling. / Winthers Steentryk. / C. W. Lith.
- 2 Hefte. Plnr. 37-38 [4. Februar 1825]. 3, 3 S. Querfolio.
Lithographie.
Neuausgabe: Nr. 1 in Romancer og Sange (cf. Nr. 232) Bd. I, S. 1;
auch als Einzeldruck daraus erschienen.
Note: Das Singspiel 'Fjeldeventyret' [Das Gebirgsabenteuer] von dem
Dichter H. A. Bjerregaard wurde mit der vom norwegischen Komponisten
Waldemar Thrane geschaffenen Musik ein Hauptwerk in norwegischer
Kunst; die Erstaufführung erfolgte in Christiania (Oslo) am 9/2-1825.
Cf. Finn Benestad: Waldemar Thrane, Oslo 1961, S. 59-96.

Nr. 165: MINDET - [ERINNERUNG]. Für Gesang und Klavier

Komp. ca. 1827. Erstausgabe 1827

F. Höegh-Guldberg

Erstausgabe: In: Scandinavisk / Nytaarsgave / for / Aaret
1828. / Udgivet, trykt og forlagt af Jacob Behrend. / Kjöbenhavn. - X, 227, (3) S. 8vo., 1 Tafel.

156

- Text des Gedichtes S. 85-86; Musik auf der lithographischen
Falttafel.
Nicht in Romancer og Sange.

Nr. 166: 3 POSTHUME LIEDER. Für Gesang und Klavier

    Komp.   Erstausgabe 1875

Erstdruck: In der Sammelausgabe: Romancer og Sange, Band I.
Cf. Nr. 232. - Bd. I, Seite 86, 89 und 97.
Erstausgabe: Einzeldrucke aus obiger Sammlung. Kopenhagen,
C. C. Lose (F. Borchorst).
Note: Die drei Lieder sind in der Ausgabe alle als 'bisher ungedruckt'
bezeichnet.

Nr. 167: 3 LIEDER VON BANG. Für Gesang und Klavier

    Komp. -   Ungedruckt.

Quelle: Manuskript in der Kgl. Bibliothek, Kopenhagen (C II,
150), 5 Blätter in Folio. Beschrieben sind Bl. 1 v, 2 v, 3 r
und 4 r, die übrigen Seiten sind nicht beschriftet. Inhalt:
    1) Naturens Ven. Texten og Musiken af Krigsraad og Over-Telegraf-
       inspekteur Bang sat for Pianoforte af kongelig Kammermusikus
       Kuhlau.
    2) Marsch. Texten af Krigsraad og Over-Telegrafinspekteur Bang.
       Musiken af kongelig Kammermusikus Kuhlau.
    3) Vuggevise. Musiken af kongl. Kammermusikus Kuhlau. Ordene af
       Krigsraad Bang.
    - Die Musik zu den beiden letzten Nummern können in Kuhlaus Hand-
    schrift vorliegen. Die Texte sowie die erste Komposition sind von
    dem dänischen Beamten und Kunstamateur Ludvig Ferdinand Bang (1781-
    1848).

Nr. 168: <u>ELLINORS SVÆRMERI</u>. Für Gesang mit Flöte und Klavier

Komp. ca. 1829. Ungedruckt.

<u>Quelle</u>: 'Kjøbenhavnsposten' Nr. 192, 1830 –
erwähnt "Ellinors Sværmeri" [Ellinor's Schwarm], eine neue Romance
von Chr. Winther, komponiert von Kuhlau, für eine Altstimme mit obli-
gater Flöte und Piano, gesungen von Madame Winsløw. – Vermutlich
handelt es sich um die Abendunterhaltung im Kgl. Theater 7/3-1830,
wo Frau Sophie Winsløw auftrat. Die Musik scheint nicht erhalten zu
sein. Den Text findet man in Chr. Winthers Gesammelten Dichtungen,
'Samlede Digtninger', Bd. I, Kbh. 1860, S. 43-44. Der Textanfang
heisst: 'Under Granens mørke Grene...'
Über den freundschaftlichen Verkehr zwischen Winther und Kuhlau in
der Zeit 1826-1830 wird berichtet in Nicolaj Bøgh: Christian Winther.
Et Livsbillede, Bd. II, Kph. 1900, S. 46 ff.

Nr. 169: <u>2-STIMMIGER RÄTSEL-CANON</u>

Komp. vor 1809. Erstdruck 1808/09

Gedruckt in AmZ, Jhg. 12 Nr. 13, 27/12-1809, Sp. 198 auf einem ovalen Notensystem.

<u>Note</u>: Die Wiedergabe in AmZ wird mit folgenden Zeilen eingeleitet:
'Vorigen Winter gab Hr. Friedr. Kuhlau in Hamburg den Theilnehmern
an seinem Liebhaber-Concerte im Baumhause eine Einlasskarte, welche
zur Verzierung folgendes musikal. Räthsel enthielt, mit dessen Ent-
zifferung sich vielleicht dieser und jener Leser nicht ungern be-
schäftiget.' – Kuhlau verwendete den Canon auf seiner Visitenkarte,
wo er seinen Namen umrandete. Wiedergabe davon – mit Auflösung von
Angul Hammerich – im Katalog des Musikhistorisk Museum, Kopenhagen,
1909, S. 137-138.

Nr. 170: <u>5 RÄTSEL-CANONS</u>

Komp.   Erstdruck 1811

Erstdruck: Im AmZ, Jhg. 13 Nr. 40, 2/10-1811, Sp. 679-80.
Unter den Noten die Angabe: (Die Auflösungen folgen nach ei-
niger Zeit.) - Sie folgten in Jhg. 14 Nr. 6, 5/2-1812, Sp.
97-100.
Note: In der Rätsel-Version fehlt in Nr. 3 b vor d!
- Nr. 1 ist überliefert in Abschrift - mit Auflösung - in dem Manuskript von A. Keyper 'Et Hefte Klaveerstykker, Valse, Canons osv,
næsten [nahezu] alle af F. Kuhlau' - auf Bl. 1 recto.

Nr. 171: 3-STIMMIGER CANON 'ALLELUJA'

Komp.   Erstdruck 1811

Erstdruck: In AmZ, Jhg. 13, Nr. 45, 6/11-1811, Sp. 763-64
Note: Der Canon ist auf 3 Notensystemen notiert, alle in G-Schlüssel

Nr. 172: CANON POUR LE PIANOFORTE

Komp.   Erstdruck 1811

Erstdruck: In AmZ, Jhg. 13 Nr. 51, 18/12-1811, Sp. 871-12
Note: Der Canon liegt in Klaviernotation vor.

Nr. 173: 7-STIMMIGER CANON 'AVE MARIA'

Komp.   Erstdruck 1812

Erstdruck: Auf der Titelseite der Klaviersonate op. 5 a, q.v.

Nr. 174: CANON A 2 VOCI, A MOLL

Komp.   Erstdruck 1813

Erstdruck: In AmZ Jhg. 15 Nr. 2, 13/1-1813, Sp. 40.
   2. Druck: Auf der Titelseite der Klaviersonate in a moll, Op. 8a,
ist der Canon wiedergeben.

Nr. 175: 12-STIMMIGER CIRKELCANON

Komp.   Ungedruckt

Quelle: 12stimmiger Cirkelcanon , v. F. Kuhlau auf 2 Arten
aufzulösen.
Überliefert wurde dieser Canon in Abschrift von Kuhlaus Schüler und
Freund Ant. Keyper in einem handschriftlichen Sammelband, jetzt in
der Kgl. Bibliothek, Kopenhagen "Et Hefte Klaveerstykker, Valse,
Canons osv, næsten [nahezu] alle af F. Kuhlau". Dies Werk steht auf
Blatt 1 recto. Die Abschrift auf der Rückseite ist datiert 29/9-1818.

Nr. 176: MUSIKALISCHES ANAGRAMM, B-A-C-H

Komp.   Erstdruck 1819

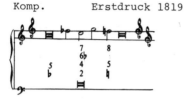

Erstdruck: In AmZ, Jhg. 21 Nr. 48, 1/12-1819, Sp. 832

Note: Am 2/9-1825 besuchte Kuhlau Beethoven in Baden bei Wien in Gesellschaft mit dem Musikverleger Tob. Haslinger, Carl Holz, dem Obo-
isten Jos. Sellner und dem Klaviermacher Conrad Graf. Für Beethoven
schrieb Kuhlau da den Bach-Canon nieder, - laut Seyfried und Kinsky-
Halm "aus dem Stegreif". In Kinsky-Halm wird hinzugefügt: Ein Bach-
Kanon Kuhlaus war schon 1819 in der Allg. musik. Ztg. [XXI,831] veröffentlicht worden." Dieser Canon ist es aber, den Kuhlau an jenem
Tag Beethoven schenkte. - Am folgenden Tag sandte Beethoven dann den
folgenden Kanon (Nr. 177) an Kuhlau mit folgenden Zeilen:
"Baden, am 3. September 1825. Ich muss gestehen, dass auch mir der
Champagner gestern gar sehr zu Kopf gestiegen, und ich abermahls die
Erfahrung machen musste, dass d. g. meine Wirkungskräfte eher unter-
drücken als befördern, denn so leicht ich sonst doch auf der Stelle
zu antworten im Stande bin, so weiss ich doch gar nicht mehr, was
ich gestern geschrieben habe. - Erinnern sie sich zuweilen Ihres Er-
gebensten Beethoven m. p."
Cf. Ignaz R. von Seyfried: Ludwig van Beethovens Studien ... Leipzig
etc. 1853, Anhang S. 24-26. - G. Kinsky - H. Halm: Das Werk Beethovens, München 1955, S. 693 f, WoO 191. - W. Nohl: Vom Kuhlau-Bach-
Kanon Beethovens, in 'Die Musik'Jhg. 28, I, S. 166-174. Berlin 1936.
- Beimfohr: Das C-Dur-Klavierkonzert opus 7 und die Klaviersonaten
von Friedrich Kuhlau. Hamburg 1971, S. 342-44 (mit Auflösung).

Nr. 177: KÜHL, NICHT LAU; KANON VON L. VAN BEETHOVEN

Kühl nicht lau, nicht lau

Erstdruck: In Seyfried's 'Beethovens Studien in Generalbass' Wien 1832, Anhang S. 25.

Note: Obwohl dieser Canon nicht von sondern für Kuhlau komponiert ist, schliesst er sich dem obigen so nahe an, dass die Einbeziehung hier gerechtfertigt scheint. Beethoven's Canon ist dreistimmig, der Text wahrscheinlich von Beethoven selbst verfasst; er nannte bei oben erwähnter Gelegenheit auch Kuhlau 'den grossen Kanonier'. – Cf. Kinsky-Halm, WoO 191, S. 693 f.

Nr. 178: CANON A 2 VOCI, B DUR

Komp.   Erstdruck 1820

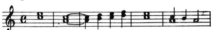

Erstdruck: In AmZ Jhg. 22 Nr. 47, 22/11-1820, Sp. 800

Nr. 179: CANON A 4 VOCI, A MOLL

Komp.   Erstdruck 1821

Erstdruck: In AmZ Jhg. 23 Nr. 26, 18/7-1821, Sp. 460

Nr. 180: 4-STIMMIGER CANON 'PLORA, PLANGE'

Komp.   Erstdruck 1821

Plo-ra, plan-ge! Ma-ni-bus dis-ten-tis

Erstdruck: In AmZ Jhg. 23 Nr. 34, 22/8-1821, Sp. 591-2

Note: Der Canon ist auf 4 Systemen notiert, Canto I-II und Tenore I-II und soll umgedreht und auf den Kopf gestellt werden.

Nr. 181: 6-STIMMIGER CANON 'GUTER WEIN'

Komp.   Erstdruck 1821

Gu-ter Wein __ er-höht

Erstdruck: In AmZ Jhg. 23 Nr. 50, 12/12-1821, Sp. 847-8
  Note: Der Text lautet "Guter Wein erhöht des Lebens Freuden! - Drum
  verschmäht den Nektar nicht! trinkt aus!"

Nr. 182: CANON FÜR 28 STIMMEN
  Komp.   Erstdruck 1821

Erstdruck: In AmZ Jhg. 23 Nr. 51, 19/12-1821, Sp. 867-8
  Note: Der Canon ist hier auf 4 Systemen notiert.
  Neudruck: 1823 wurde der Canon in "Comische Canons" (Nr. 183) auf
  letzter Seite ohne Nummer aufgenommen, und zwar mit der Überschrift
  'Achtundzwanzigstimmiger Räthsel-Canon' - auf einem System notiert.

Nr. 183: COMISCHE CANONS
  Komp.   Erstausgabe 1817.

ANTICHERUBINISMUS

10 Ach Mu - sick von Che - ru - bi - ni ist auch gar

11 Nein, nein, nein, ich seh' es endlich ein,

Aus dem Hagestolzen,
von Kotzebue

12 Ot - to te - net mappam

Dieser eigentlich achtstimmige Canon
bleibt mit Text und Musik rückwärts
derselbe

Erstausgabe: Comische Canons / für drei Männerstimmen / von /
Friedrich Kuhlau / Copenhagen bei C: C: Lose.
- Ohne Plnr. [1817]. 22 S. Quer-8vo. Stich.
 Note: S. 2: "Die Texte der acht ersten Canons sind aus der Brillen=Jnsel
von Kotzebue". - Zum Schluss steht ohne Nummer der obige Nr. 182.

Nr. 184: 4-STIMMIGER RÄTSEL-CANON

Komp.   Nicht herausgegeben

Largo

Quellen: Diesen ausgeklügelten Canon besitzt die Kgl. Bibliothek, Kopenhagen, in einer alten Handschrift, die ein Auto-
gramm sein kann; ferner in der handschriftlichen Sammlung
von Ant. Keyper: "Et Hefte Klaveerstykker, Valse, Canons osv.
næsten [nahezu] alle af F. Kuhlau" (Bl. 1 recto].
 Note: Die beiden Manuskripte sind musikalisch ganz identisch. Sie
sind auf zwei Systemen notiert, und die Takte sind oben und unten
nummeriert, was zur Lösung des Rätsels beiträgt.
Erstveröffentlichung: Wiedergabe in J-L. Beimfohr: Das C-Dur-Klavierkonzert opus 7 und die Klaviersonaten von Friedrich Kuhlau. Hamburg
1971. Bd. II, S. 18.

Nr. 185: SYMPHONIE.

Komp. vor 1805. Verschollen

Laut 'Comödienzettel (Graupner S. 61) wurde ein Konzert im deutschen
Schauspielhaus zu Hamburg am 15/12-1804 mit einer "Simphonie von
Herrn Kuhlau" eingeleitet. Weitere Auskunft hierüber habe ich nicht
gefunden.

Nr. 186: 12 TÄNZE, für 2 Violinen und Bass

Komp. vor 1808. Verschollen

Im Verlagsverzeichnis von L. Rudolphus, Altona 1807, S. 21:
"12 vermischte Tänze, für 2 Viol. und Bass, bestehend in 3 Contra-

Sayra, 3 Walzer, 3 Angloisen und 3 Ecossoisen. 1 Mk 4 s"
Whistling's Handbuch, 1817, S. 79, verzeichnet '12 Tänze für 2 Violinen und Bass' bei Cranz in Altona, - wahrscheinlich dieselben Tänze. Keine Exemplare habe ich gefunden.

Nr. 187: KLAVIERKONZERT NR. 2 IN F MOLL

Komp. ca. 1811. Verschollen

Den ersten Satz dieses Konzertes spielte Kuhlau im Abendunterhaltung
am Kgl. Theater, Kopenhagen, am 30/11-1811. Die eigentliche Erstaufführung erfolgte am 24/4-1812 in der Musikalischen Akademie, Kopenhagen, cf. 'Dagen' Nr. 91, 15/4-1812 und Nr. 267. Mehrere Auffürun-
gen sind bekannt, in Kopenhagen 14/11-1812 (cf. Weyse: Breve, Bd. II
S. 88), und in Stockholm 29/4-1815 (cf. Thrane S. 65, dänisch S.150)
Das Konzert gehört zu den Werken, die im Brand 1831 verloren gingen
(cf. Note zu Nr. 222)

Nr. 188: 3 CANTABILE-SÄTZE FÜR FLÖTE SOLO

Komp. ? Erstausgabe ca. 1834

Erstausgabe: In "Der Dilettant. Muster-Sammlung vorzüglicher
Compositionen und Arrangements für eine Flöte oder Violine"
Leipzig, Hamburg und Itzehoe. In der Verlags-Expedition von
Schuberth & Niemeyer. Heft 2-4. [um 1834]

Nr. 189: ANDANTE ET POLACCA FÜR HORN UND KLAVIER

Komp. ? Ungedruckt

Das ungedruckte Werk befindet sich in einer älteren Abschrift
in der Städtischen Musikbibliothek, Lyngby. Sie umfasst Corno
Prinzipale (6 S.) und Klavier-Partitur-Stimme (10 S.) Folio.

Nr. 190: ENGLISCHER TANZ FÜR 4 INSTRUMENTE

Komp. ? Verschollen

Thrane erzählt S. 64 (dänisch S. 149):Einst war Ball bei Guldberg's, und da kam Kuhlau auf die Idee, .. einen der damals gebräuchlichen englischen Tänze aufzuschreiben. Er schrieb denselben für die vier Instrumente, welche zum Tanz spielten; .. Kuhlau machte zur Bedingung, dass dieser Tanz nicht im Druck herauskommen dürfe, was auch nicht geschehen ist.

Nr. 191: SONATINE IN C DUR FÜR KLAVIER ZU 4 HÄNDEN

Komp. ? Erstausgabe ca. 1835

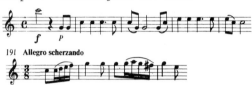

Erstausgabe: In: Musikalisches Pfennig- & Heller-Magazin. Auswahl vorzüglicher Compositionen in Originalien und Arrangements leichter Gattung für Piano-Forte. Leipzig, Hamburg und Itzehoe, in der Verlags-Expedition von Schuberth & Niemeyer. Bd. II, Lief. 10-11. [ca. 1835]

Nr. 192: DIVERTISSEMENT IN B DUR FÜR KLAVIER ZU 4 HÄNDEN

Komp. ? Erstausgabe 1838

Erstdruck: In: Pfennigmagazin oder Kleine Pianofortebibliothek. 4ᵉ Jahrgang, 15te-17te Lief:g. Hamburg, Schubert & Niemeyer.
Erstausgabe: Répertoire de Variétés pour Amateurs. Choix de Compositions non difficiles pour Piano-Forte. ... No. 11: Kuhlau, Fr.: Divertissement à quatre mains. ... Propriété des Editeurs. Schuberth & Comp. Hambourg et Leipsic.
- Plnr. 218 [1838] 11 S. Folio. Stich. - Separatausgabe nach obigem Periodicum.

Nr. 193: WALZER AUS DOBBERAN. Für Klavier zu 4 Händen

Komp. vor 1824. Ungedruckt

<u>Quelle</u>: Überliefert in Abschrift von Ant. Keyper in einem Sammelband in der Kgl. Bibliothek, Kopenhagen. Bandtitel: 'Et Hefte Klaveerstykker af F. Kuhlau, det förste ...'. Auf Blatt 17 verso und 18 recto steht 'Wals fra Dobberan'. Die Abschrift ist datiert 6/7-1824.

<u>Note</u>: Bad Doberan in Mecklenburg war ein gesuchter Badeort. Am 2. August 1819 fuhr das erste Dampfschiff Dänemarks 'Caledonia' von Kopenhagen auf eine fünftägige Lustfahrt nach 'dem Bad bei Dobberan im Mecklenburgischen, wo sich viele fürstliche Personen und berühmte Männer zur Zeit aufhalten, wodurch die führenden Künstler Europas zu dem Ort suchen, unter denen zeichnet sich besonders Mad. Catalani aus' - wie die Anzeige in 'Adresseavisen', Kph. berichtet.

Nr. 194: ADAGIO UND ALLEGRO CON BRIO FÜR KLAVIER

Komp. vor 1820. Nicht herausgegeben

<u>Quelle</u>: Überliefert in Abschrift von Ant. Keyper in einem Sammelband in der Kgl. Bibliothek, Kopenhagen. Bandtitel: 'Et Hefte Klaveerstykker af F. Kuhlau, det förste ...'. Auf Blatt 4 verso bis 6 verso dies Werk mit der Datierung 24/2-1820. <u>Erstveröffentlichung</u> in J-L. Beimfohr: Das C-Dur-Klavierkonzert opus 7 und die Klaviersonaten von Friedrich Kuhlau, Hamburg 1971, Band II, S. 28-35. *

Nr. 195: GRAVE UND ALLEGRO NON TANTO FÜR KLAVIER

Komp. um 1820? Nicht herausgegeben

Quelle: Überliefert in Abschrift, - wie Nr. 194. Die Abschrift findet sich auf Blatt 7 recto bis 8 verso und ist undatiert. Erstveröffentlichung in Beimfohr (cf. Nr. 194) Bd. II, S.35-39.

Nr. 196: VARIATIONEN FÜR KLAVIER über Air de Berton

Komp. vor 1808. Erstausgabe ca. 1807

Erstausgabe: Air de Berton / variée pour / le Fortepiano / par / Kuhlau. / Hambourg chés LS Rudolphus. / Altona chez Cranz.
- Ohne Plnr. [ca. 1807]. Titel, S. 8-11. Querfolio. Stich.

Nr. 197: AUF HAMBURGS WOHLERGEHEN. Variationen für Klavier

Komp. vor 1810. Verschollen

Quelle: Laut Comödienzettel für das Konzert am 17/3-1810 im deutschen Schauspielhaus zu Hamburg kommt als Nr. 6 vor: Variationen für das Pianoforte: Auf Hamburgs Wohlergehen, componiert und gespielt von Herrn Kuhlau. - Cf. Graupner S. 62. - Dies war Kuhlaus letztes Konzert in Hamburg vor der Fahrt nach Kopenhagen.

Nr. 198: 67 VARIATIONEN FÜR KLAVIER

Komp. vor 1816. Erstausgabe vor 1816.

In Whistlings Handbuch 1817 ist auf S. 410 verzeichnet 'LXVII Variations pour le Pianoforte' - Ich habe kein Exemplar gefunden.

Nr. 199: LORSQUE DANS UNE TOUR OBSCURE. Variationen f. Klavier

Komp. vor 1816. Erstausgabe vor 1816.

In Whistlings Handbuch 1817 ist S. 410 angeführt 'Variations Lorsque dans une Tour obscure', Hamburg, Vollmer. - Ich habe kein Exemplar finden können.

Nr. 200 : ANDANTINO MIT VARIATIONEN FÜR KLAVIER

Komp.   Erstausgabe 1822

Erstausgabe: Andantino / mit / Variationen / für das Piano Forte / von / F. Kuhlau. / Eigenthum des Verlegers. / Hamburg bei A. Cranz.

- Ohne Plnr. [ca. 1822]   4 unpaginierte Seiten. Querfolio.
Stich.
Note: Die beiden Aussenseiten der Ausgabe sind identisch und dienen
beide als Titelseite. Denn das Andantino auf den beiden Innenseiten
ist al rovescio komponiert, so dass das Notenbild bei Umdrehen der
Noten dasselbe bleibt. In Cranz-Katalogen wird es als 'musikalisches
Kunststück' bezeichnet, oder auch als 'vor- und rückwärts zu spielen'

Nr. 201:   LENTO 'AL ROVESCIO' FÜR KLAVIER

   Komp. vor 1818. Ungedruckt

   Incipit wie Nr. 200

Quelle: Abschrift in der Kgl. Bibliothek, Kopenhagen, vermutlich in der Handschrift von A. Keyper, datiert 7/2-1818. Überschrift: Lento .. par Fr: Kuhlau, - auch bei Umdrehung des No-
tenblatts. Anfang und Schluss sind mit Nr. 200 fast identisch,
während das etwas kürzere Mittelstück in c moll in Viertelno-
ten bewegt.

Nr. 202:   RONDO IN A DUR FÜR KLAVIER

   Komp. 1815. Nicht herausgegeben

Quelle: Überliefert in Abschrift von Ant. Keyper in einem Sammelband in der Kgl. Bibliothek, Kopenhagen. Bandtitel: 'Et
Hefte Klaveerstykker af F. Kuhlau, det förste...' - Auf S. 1
recto bis 4 recto:
Rondeau pour le Pianoforte, composé à Gefle en Suède, 2/6-
1815 par F. Kuhlau. - Die Abschrift ist datiert 13/1-1821.
Erstveröffentlichung in Beimfohr, II, S. 19-28. Cf. Nr. 194.

Nr. 203:   RONDO IN A MOLL FÜR KLAVIER über ein Thema von Rode

   Komp.   Erstausgabe 1814

Erstdruck in 'Nye Apollo', Jhg. 1, I, S. 1-5. Kopenhagen, C.
C. Lose [1814]

Erstausgabe: Rondo / sur un Theme favorite de Rode / pour /
le Piano Forte / composée par / F. Kuhlau / à Copenhague /
chez C Lose et Comp:
- Plattenbezeichnung 1: H: [Oktober 1814]. Titel, 5 S. Querfolio. Stich. - Separatausgabe aus obigem Periodicum.

Thema: P. Rode: Violinkonzert Nr. 7, op. 9; letzter Satz.
Titelauflagen:C. C. Lose und Verlagsnachfolger.
Neuausgaben: Hamburg, Cranz.
Note: Die Ausgabe trägt keine Opuszahl. Thrane führt das Werk als
opus 45 an, - eine Zahl die wohl nur in Cranz-Verzeichnissen vorkommt
und jedenfalls nicht bei dem Originalverleger C. C. Lose.

Nr. 204: UNWETTER AUF DEM MEERE - UVEJRET PAA HAVET
Tongemälde für Klavier.

Komp. ca. 1810. Ungedruckt und verschollen

Sein erstes Konzert in Kopenhagen am 23/1-1811 beendete Kuhlau mit
diesem Werk, wovon das Placat berichtet:
Unwetter auf dem Meere, ein musikalisches Tongemälde, comp. und gespielt von Herrn Kuhlau.
1. Das ruhige Meer.
2. Das Ungewitter nähert sich.
3. Dessen voller Ausbruch.
4. Es verzieht sich und der Himmel klärt sich auf.
5. Das frohe Seevolk singt ein Lied und Variationen über dieses Lied
   beschliessen das Concert.
- Zitiert nach Thrane S. 16 (dänisch S. 90).

Nr. 205: TRAUERMARSCH / SØRGEMARSCH. Klavierauszug.

Komp. 1814. Erstausgabe   1814

Erstausgabe für Klavier: Sörge Marsch / ved Hans Majestæt /
Kong Christian VII / Biesættelse i Roskilde / componered og
arrangered / for / Piano=Forte / af / F. Kuhlau / Kongl: Kam-
mermusicus. / Kiöbenhavn hos C. C. Lose.
- Ohne Plnr. [1814]. 1 Blatt, gefaltet: Titel in 4to,
Musik: 1 S. in Querfolio. Stich.
Angezeigt in 'Adresseavisen', Kph., 8/8-1814.

Note: König Christian VII starb am 13. März 1808, er wurde aber erst
am 16. Juli 1814 im Roskilde Dom beigesetzt. Der Trauermarsch wurde
auch später bei königlichen Beisetzungen gespielt, und auch bei der
Beerdigung des Komponisten wurde der Marsch aufgeführt.
Neuausgaben: Kopenhagen, Wilh. Hansen. - 'Hver 8. Dags Musik og
Sang', Jhg. 4 Nr. 44 (1902)

Nr. 206: 2 KRÖNUNGSMÄRSCHE. Klavierauszug.

Komp. 1815. Erstausgabe 1815

Erstdruck: In 'Nye Apollo', Jhg. 1, S. 82-84 und S. 90-91.
Kopenhagen, C. C. Lose [1815]

Erstausgabe: Marsch / componered / i Anledning af Hans Majestæts / Kong Frederik VI. / Kroning i Fredriksborg / udsadt
for Pianoforte af / F. Kuhlau. / N⁰ (1-2 hds.) / Kiöbenhavn
hos C. C. Lose.
- 2 Hefte. Ohne Plnr. [1815]. Nr. 1: Titel, S. 82-84. Nr. 2:
Titel, S. 90-91. - Separatabdrucke aus obigem Periodicum, Nr.
1 mit dessen Plattenbezeichnung auf S. 82: 7: H:

Titelvariante: Marsch / componirt / auf Veranlassung der Krö-
nung / Sr: Majestät des Königs von Dännemarck F: VI. / von /
F. Kuhlau. / Clavierauszug. / N⁰ I. / Copenhagen bey C. C.
Lose. - Im weiteren ganz identisch mit der Erstausgabe.

Note: König Friedrich VI wurde am 30/7-1815 im Schloss Frederiksborg
zu Hillerød gekrönt. - Die Kgl. Bibliothek, Kopenhagen, verwahrt zeit-
genössische, handschriftliche Partituren zu beiden Märschen für Mili-
tärorchester. Sie sind nicht autograph, die Partitur zu Nr. 1 weist
aber Änderungen und Hinzufügungen in der Hand des Komponisten auf;
hierzu liegen auch 26 Stimmen vor.

Nr. 207: MARSCH DER KÖNIGLICHEN LEIBGARDE. Klavierauszug

Komp. ca. 1815. Erstausgabe 1815

Erstdruck: In 'Nye Apollo', Jhg. 1, S. 54-55. Kopenhagen, C.
C. Lose [1815]

Erstausgabe: Marsch / til den Kongelige Liv Garde / componered og udsadt / for / Piano=Forte / af / F. Kuhlau. / Kiöbenhavn hos C. C. Lose.
- Ohne Plnr. [1815]. (3) S. Querfolio. Stich. - Separatabdruck aus obigem Periodicum.

Angezeigt in 'Adresseavisen', Kph., 18/8-1815

Nr. 208: 2 WAFFENTÄNZE / 2 VAABENDANSE. Für Klavier

Komp.   Erstausgabe 1816

Erstdruck: In 'Nye Apollo', Jhg. 2, I, S. 4-5. Kopenhagen, C. C. Lose [1816]

Erstausgabe: II Vaabendandse / opfört ved Hans Majestæt (!) höje Nærværelse / ved / Land Cadetternes Examen. F. Kuhlau. - Ohne Plnr. [1816] (3) S. Querfolio. Stich. - Separatabdruck aus obigem Periodicum.

Nr. 209: REVUE MARSCH FOR GARDEN TIL FODS. Für Klavier

Komp.   Erstausgabe 1818

Erstdruck: In 'Nye Apollo', Jhg. 4, I, S. 58-60. Kopenhagen, C. C. Lose [1818]

Erstausgabe: Marches favorites / pour le / Piano=Forte / N⁰ 1. / Copenhague chez C. C. Lose. - Ohne Plnr. [1818]. 4 S. Querfolio. Stich. - Separatabdruck aus obigem Periodicum.

Nr. 210: 6 WALZER FÜR KLAVIER.

Komp. vor 1808. Erstausgabe vor 1808

Erstausgabe: Six Walzes / pour le Piano Forte / par Fr. Kuhlau.
/ Altona, / chéz Louis Rudolphus. / 12 f.
- Ohne Plnr. [vor 1808]. 5 S. Querfolio. Stich.
  Titelauflage: Hamburg, Cranz (vor 1817)

Nr. 211: 10 WALZER FÜR KLAVIER

Komp.   Erstausgabe 1812/13

<u>Erstausgabe</u>: X / Walses / Pour le Pianoforte / par / F. Kuh-
lau. / Chez Breitkopf & Härtel à Leipsic. / Pr. 8 Gr.
- Plnr. 1786 [1812/13]. 11 S. Querfolio. Lithographie.

<u>Titelauflage</u>: Breitkopf & Härtel (vor 1828)
- Nr. 5 ist abgedruckt in 'Nye Apollo', Jhg. 3, II, S. 25. Kopenhagen, C. C. Lose [1817]. - Nr. 3 wurde 1857 in 'Musikalsk Anthologie', Jhg. 2, Heft 4, abgedruckt mit der Fussnote: 'Diese kleine
Komposition, vor 40 Jahren geschrieben, ist der 'Musikalsk Anthologie' von J. F. Fröhlich mitgeteilt. Dieser Walzer erschien auch
als Separatabdruck, Kopenhagen, C. C. Lose (F. Borchorst), Plnr.
4231 und bei Verlagsnachfolgern.

<u>Bearbeitung</u>: Für Violine und Klavier: Berlin, Schlesinger; als
Willy Burmester: Stücke alter Meister ... Nr. 22 dieser Reihe ist
Walzer Nr. 1, und Nr. 57 der Reihe ist Walzer Nr. 7.
- Im gleichen Verlag erschien Nr. 22 (Walzer Nr. 1) 'für Klavier al-
lein gesetzt von Joh. Doebber'

<u>Nr. 212</u>: <u>12 WALZER FÜR KLAVIER</u>

Komp.   Erstausgabe 1817

Erstausgabe: Douze Walses / pour le / Pianoforte / composées
par / F. Kuhlau. / Propriété de l'Editeur. / Copenhague / au
Bureau lytographique / de C: C: Lose.
- Ohne Plnr. [1817]. 15 S. Querfolio. Lithographie.

Angezeigt in 'Adresseavisen', Kph., 24/12-1817.
Titelvariante: Das Heft erschien auch mit dem Umschlag: "En musikalsk Nytaarsgave for Damer", - ebenfalls in Dec. 1817.

Nr. 213: FAVORIT WALZER IN A DUR FÜR KLAVIER

Komp.   Erstdruck 1817

Erstdruck: In 'Nye Apollo', Jhg. 3, II, S. 64-65. Kopenhagen,
C. C. Lose [Dec. 1817].

Erstausgabe: Favorit=Valse / pour le / Pianoforte / par / F:
Kuhlau. / No: / Copenhague chez C. C. Lose.
- Ohne Plnr. [1818]. (3) S. Querfolio. Stich. - Abdruck aus
obigem Periodicum mit dessen Paginierung.

Nr. 214: WALZER IN F DUR FÜR KLAVIER

Komp. ca. 1818. Nicht herausgegeben

Erhalten ist der Walzer in einem handschriftlichen Sammelband
in der Kgl. Bibliothek, Kopenhagen "Et Hefte Klaveerstykker,
Valse, Canons osv, næsten [nahezu] alle af F. Kuhlau"; 12
beschriebene Blätter in Querfolio. Der Band rührt her von
Kuhlaus Schüler und Freund Ant. Keyper. Die Abschrift auf der
Rückseite von Bl. 1 ist datiert 29/9-1818.
Erstveröffentlichung in J-L. Beimfohr: Das C-Dur-Klavierkonzert opus
7 und die Klaviersonaten von Friedrich Kuhlau, Hamburg 1971, Band II
S. 18.

Nr. 215: KALEIDAKUSTIKON

Komp. ca. 1817. Erstausgabe ca. 1817

Ausgabe: Kaleidakustikon, / en musikalsk Underholdning for
Claveerspillere / af / F. Kuhlau. / Kjöbenhavn. Hos C. C.Lose.
Thrane schreibt S. 55 (dänisch S. 137 f) "Es erschien bei Boehme in
Hamburg ein 'Kaleidakustikon' von Kuhlau. Es ist das ein grosser Kasten, welcher kleine abgetheilte Fächer enthält, jedes mit einem der
Buchstaben des Alphabets numerirt. Eine Sammlung von Melodietheilen,
jeder auf 1 oder 2 Takte, liegen in den so markirten Fächern. Man
kann ein Musikstück (einen Walzer) daraus herstellen, indem man aus
jedem Fache einen Melodietheil herausnimmt und diese nach der Ord-
nung zusammenstellt, welche die Buchstaben, zu denen sie gehören,
ergeben."
Das Exemplar der Kgl. Bibliothek, Kopenhagen, ist ein Kasten von
18,5 cm Höhe und 32 cm Breite, enthaltend 21 Fächer, jedes mit 12
Zetteln (5 x 5,6 cm) mit 1-2 Takten in Klaviersatz. Die Zettel sind
nummeriert A 1-12 bis V 1-12. Sie sind in Lithographie verfertigt.
In Whistlings Handbuch der musikalischen Literatur, 1828, S. 836,
heisst es: Kuhlau: Kaleidakustikon, eine Unterhaltung um Walzer zu
komponieren. Copenhagen, Lose. Hamburg, Böhme. Braunschweig, Spehr.
Angezeigt wurde dies Werk erstmalig in 'Adresseavisen', Kph., am
14. Dec. 1820, wo es heisst, dass es bei verschiedenen Kopenhagener
Musikalienhändlern zu bekommen ist. Vermutlich hat Kuhlau selbst
die Herausgabe besorgt. Am 24/2-1821 zeigt C. C. Lose an, dass er
den Verlag übernommen hat, und dass er eine neue und billigere Ausgabe veranstalten wird. Es heisst hier auch, dass diese sinnreiche
Erfindung nicht nur Klavierspielern angenehme Unterhaltung bietet,
sondern zugleich Gelegenheit und Übung gibt, den Tonsatz und die
Ausbildung musikalischen Könnens zu fördern.
- Derartige musikalische Würfelspiele waren seinerzeit sehr beliebt
und verbreitet. Vgl. Köchel, C. 30.01, S. 910.

Nr. 216: GRANDE VALSE HEROIQUE FÜR KLAVIER

Komp. Erstausgabe 1822

p dolce

Erstausgabe: Grande Valse / Heroique / Pour le Piano Forte /
par / F. Kuhlau. / Hamburg chez A. Cranz.
- Ohne Plnr. [1822]. 5 S. Querfolio. Stich.
    Angezeigt in AmZ, Intelligenzblatt IX, December 1822.
    Titelauflage: Hamburg, Cranz.
    Neuausgabe: Kopenhagen, C. C. Lose und Verlagsnachfolger.

Nr. 217: <u>12 SCHOTTISCHE TÄNZE FÜR KLAVIER</u>

     Komp.   Erstausgabe ca. 1810

Whistlings Handbuch der musikalischen Literatur, 1817, S. 456, verzeichnet '12 Balli scozzeri' bei Böhme in Hamburg. - Das Heft ist
auch im Kopenhagener Tageblatt 'Dagen' 26/1-1811 angezeigt. Leider
habe ich kein Exemplar davon finden können.

Nr. 218: <u>6 SCHOTTISCHE TÄNZE FÜR KLAVIER</u>

     Komp.   Erstausgabe   1812.

<u>Erstausgabe</u>: 6 Nye og lette / Skotske=Danse / for / Piano=
Forte / af / F. Kuhlau. / Kiöbenhavn hos C. C. Lose.
- Ohne Plnr. [1812]. 1 Blatt, gefaltet. Titel in 4to (ty-
pygraphisch), Musik 1 S. in Querfolio (gestochen).
    Angezeigt in 'Adresseavisen', Kph., 11/8-1812.
    <u>Neuausgabe</u>: 6 Leichte schottische Tänze ... revidiert von Walter
Niemann. Kph., Wilhelm Hansen, Plnr. 14812 (1911). 3. S. Folio.

Nr. 219: <u>ALTE UND NEUE ZEIT. MENUETT FÜR KLAVIER</u>

     Komp.   Erstausgabe ca. 1812

In Whistlings Handbuch der musikalischen Literatur, 1817, S. 456 und
zeitgenössischen Katalogen angeführt. Das Werk fand ich nirgends vor.

Nr. 220: <u>ECOSSAISE IN ES DUR FÜR KLAVIER</u>

     Komp.   Nicht herausgegeben

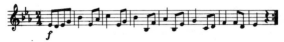

f

Überliefert in Abschrift von Ant. Keyper in einem Sammelband
in der Kgl. Bibliothek, Kopenhagen. Bandtitel: 'Et Hefte Klaveerstykker af F. Kuhlau, det förste ...' Auf der Rückseite
von Bl. 17 steht die 'Ecossoise' mit der Datierung 7/7-1824.
Erstveröffentlichung in J-L. Beimfohr: Das C-Dur-Klavierkonzert
opus 7 und die Klaviersonaten von Friedrich Kuhlau, Hamburg 1971,
Band II S. 18.

Nr. 221: POLACCA IN B DUR FÜR KLAVIER

Komp.   Erstausgabe ca. 1834

Allegretto

So lang' der Himmel Götter trägt

Erstausgabe: In: Musikalisches Pfennig- & Heller-Magazin ...
Leipzig, Hamburg und Itzehoe, in der Verlags-Expedition von
Schuberth & Niemeyer, Jhg. 2, Lieferung 26 [ca. 1834]

Nr. 222: GENERALBASS-SCHULE

Verschollen.

Am 5. Februar 1831 wurde Kuhlaus Wohnung in Lyngby durch einen Brand
vernichtet. - Thrane schreibt S. 93 f (dänisch S. 186 f) Nicht allein
alle seine Musikalien verbrannten, z. B. ein Manuscript von Mozart,
welches ihm von Schwenke verehrt worden war, sondern auch alle seine
eigenen Manuscripte wurden ein Raub der Flammen. Unter diesen befand
sich eine grosse Generalbass-Schule, an welcher er viele Jahre gear-
beitet hatte, und welche ihrer Vollendung so nahe war, dass nur die
letzte Durchsicht mangelte, um im Druck herauszukommen; eine Menge
vortrefflicher Compositionen - darunter sein zweites Pianoforte-Con-
cert etc.
Die königliche Bibliothek, Kopenhagen, verwahrt ein interessantes
Manuskript [NkS 309 ab 4to] von P. O. Bröndsted 'Memoranda für mein
Studium des Generalbasses / nach Kuhlaus Vorlesungen (und Türcks
Theorie). Kopenhagen im Winter 1817-18. Es umfasst ca. 100 beschriebene Seiten in 4to; leider sind die dazu gehörigen Notenbeispiele
nicht vorhanden.

Nr. 223: OUVERTURE ZU "AMORS TRIUMPH"

Am 3. März 1804 gab Friedrich Schröder im deutschen Schauspielhause
zu Hamburg ein Concert; als fünfte und letzte Nummer des ersten
Teils wird angekündigt: 'Ouverture aus der neuen Oper: Amors Triumph,
componirt von Herrn Kuhlau'
- Zitiert nach Graupner S. 60: Comödienzettel. Der Verfasser vermutet
S. 18 dass Kuhlau die Oper komponiert habe, - weitere Auskünfte über
das Werk waren nicht zu ermitteln.

Nr. 224: SCENE AUS OSSIAN'S "COMALA"

Thrane berichtet S. 17 (dänisch S. 91) '... und so z. B. in einem
Concert, welches er den 27. November 1811 [im Kgl. Theater, Kopen-
hagen] gab, wo eine grosse von ihm componirte Scene aus Ossian's
"Comala" aufgeführt wurde.' - Diese scheint verschollen zu sein.
Cf. Graupner S. 26.

Nr. 225: MOSES. DRAMA VON E. A. KLINGEMANN

Das Kopenhagener Tageblatt 'Dagen' Nr. 292, 7/12-1822 berichtet aus
Odense 'Am hiesigen Theater wird in diesen Tagen gegeben das bekann-
te grosse und allgemein beliebte Schauspiel 'Moses' in 5 Akten von
Dr. [E. A.] Klingemann, mit Gesang und Märschen; die Musik ist von
Kuhlau'. - 'Kiøbenhavns Skilderie' 10/12-1822 teilt mit 'Im Theater
zu Odense sollte neulich gegeben werden Dr. Klingemanns Drama 'Moses'
mit Musik von Kuhlau, woraus vor mehreren Jahren am Kgl. Theater
einige Scenen im Declamatorium des verstorbenen [Peter]Foersoms gegeben wurden' - Im Theater zu Odense gab in der Saison 1822/23 Direc-
tor Carl Becker mit seiner Theatergesellschaft Vorstellungen auf
Deutsch. - Die Musik ist verschollen.

Nr. 226: ALFRED. OPER VON KOTZEBUE.

Graupner erzählt S. 34 f 'Kuhlau hatte .. 1817 eine Oper begonnen,
und zwar "Alfred" von Kotzebue, in der Übersetzung von [L.C.] Sander.
Er fragte bei der Theaterdirektion in einem Briefe vom 2. September
1817 an, ob er mit einer Aufführung der Oper noch im Winter 1818
rechnen könne, denn er hoffe, in 4-5 Monaten mit der Arbeit fertig zu
werden. Da er von der Theaterdirektion keine feste Zusage erhielt,
scheint er die Vertonung der Oper abgebrochen zu haben.'

Nr. 227: 3 SONATES PROGRESSIVES

Das Verlagsverzeichnis von L. Rudolphus in Altona, 1807, verzeichnet
S. 10 von Kuhlau: Trois Sonates progressives pour Pianoforte. Op. 7.
3 Mk. - do. do. avec accomp. de Flûte & Violon 3 Mk. - Ich habe weder
solche Ausgaben noch weitere Auskunft darüber ermitteln können.

Nr. 228: 6 WALZER FÜR KLAVIER ZU 4 HÄNDEN.

Vom Herausgeber zusammengestellt

Das Heft erschien 1868 bei dem Komponisten und Musikverleger C. F. E.
Horneman in Kopenhagen unter dem Titel '6 Valse for 4 Hænder'. Titel-
auflagen gab Wilhelm Hansen heraus. Den Inhalt bilden 6 Originalwal-
zer von Kuhlau, aus op. 24 und 28.
Nr. 1 ist op. 24,1. Nr. 2 ist op. 24,6. Nr. 3 ist op. 24,8.
Nr. 4 ist op. 28,4. Nr. 5 ist op. 28,5. Nr. 6 ist op. 28,6.

Nr. 229: CINQ VALSES POUR PIANO.

Vom Herausgeber zusammengestellt

Das Heft erschien 1927 im Verlag Wilhelm Hansen, Kopenhagen, unter
dem Titel 'Cinq Valses pour Piano', Plnr. 19390. Es setzt sich aus
folgenden echten Kuhlau-Kompositionen zusammen:
Nr. 1 - 3 sind Nr. 1, 3 und 4 der '6 Walzer', Nr. 209
Nr. 4 - 5 sind Nr. 7 und 12 der '12 Walzer', Nr. 212.

Nr. 230: 6 SMAA VALSE - 6 KLEINE WALZER FÜR KLAVIER.

Von der Herausgeberin zusammengestellt

Erschienen 1936 unter dem Titel 'Seks smaa Valse samlet og bearbej-
det af Gudrun Seligmann' im Verlag Skandinavisk og Borups, Kopenhagen. Plnr. S. B. M. 962. Nur Nr. 3 und 5 sind original, es sind
Nr. 210,10 und Nr. 212,9. - Nr. 4 ist eine unvollständige Wiedergabe
von Nr. 212,5. - Nr. 6 besteht aus Walzer und Trio II aus dem Divertissement in Walzerform op. 61,5. - Nr. 1 ist eine frei Zusammen-
stellung von Teilen aus Nr. 210, 1 und 4 stark bearbeitet. - Nr. 2
ist eine freie Kombination von Teilen aus Nr. 212,1 und Nr. 210,7.

Nr. 231: 12 GEDICHTE VON FR. HÖEGH-GULDBERG

Von Kuhlau nicht komponiert

'Kjærminderne, eller De lykkelige Dage. En Vaargave mellem Elskende.
Tolv nye Sangdigte af Frederik Höegh-Guldberg. Kjöbenhavn 1828.
Trykt og forlagt af Jacob Behrend.' 44 S. 8vo.
- In der Vorrede erzählt der Dichter, dass er nach Kuhlaus Aufforderung ihm diese Gedichte zugestellt habe, und dass Kuhlau sein bereit-
willigstes Versprechen diesbezüglich geäussert habe, wenn nur 'unser
leider! einziger musicalische Verleger' den Verlag übernehmen würde.'
Trotz der Vorschläge des opferwilligen Dichters wünschte aber Lose
Subskribenten, und als er dann noch die Gedichte "zur Durchsicht"
haben wollte, fand sich Höegh-Guldberg genötigt, um weitere Demüti-
gungen zu vermeiden, die Sache zurückzuziehen. 'So ist die Geschichte dieser Gedichte' endet er. - Kuhlau stand zum Dichter in freund-
schaftlichster Beziehung und hat mehrere seiner Werke vertont.

Nr. 232: ROMANCER OG SANGE. 2 Bände. Für Gesang und Klavier.

Note: Die meisten Lieder und Gesänge hat Kuhlau zu deutschen Texten
komponiert, und sie sind meist in Deutschland herausgegeben. Schon
1818 äussert ein Einsender im Kopenhagner Tageblatt 'Dagen' (Nr. 76)
den Wunsch nach einer dänischen Sammelausgabe. Aber erst 1872 begann
die Verwirklichungdes Planes. Die Subskriptionseinladung ist von
dem Komponisten Jørgen Malling (1836-1905) und von dem Verleger E.
Wagner gezeichnet. Es heisst hierin: "Wir legen also hier vor eine
sorgfältig durchgesehene dänische Ausgabe von allen Kuhlauischen Romancen, die wir haben finden können, und begleiten ihnen mit einem
dänischen Text, der teilweise eine ziemlich freie Übersetzung der
originalen Gedichte ist. Gleichzeitig wird die Sammlung eine Auswahl
der schönsten Romancen aus Kuhlaus Opern enthalten." - Das erste Heft

des ersten Bandes erschien im November 1872 und um 1874 war der erste
Band fertig. Da erlebte aber der Verleger geschäftlich erhebliche
Schwierigkeiten, und Band 2 erschien endlich 1876 im Verlag C. C. Lose
(F. Borchorst).
Die Ausgabe enthält indessen keine Operngesänge. Leider war es nicht
zu ermitteln, wer die Übersetzungen besorgt hat.

Erstausgabe:
[Band I] Kuhlaus Romancer og udvalgte Operasange. Kjøbenhavn.
E. Wagners Forlag. Østergade NǪ 4. 2 Bl. [Titelblatt mit
Kuhlaus Porträtovale in photographischer Wiedergabe, und In-
halt], 108 S. Folio.
[Band II] F. Kuhlau. Romancer og Sange. Anden Afdeling. For-
læggerens Eiendom. Kiøbenhavn. C. C. Loses Bog- og Musikhan-
del (F. Borchorst). 2 Bl. [Titel und Inhalt], 86 S. Folio.
- Sämtliche Lieder erschienen - vermutlich in 1876 - in
Einzelausgaben als Seperatabdrucke aus den zwei Bänden.

Titelauflage: Eine Überdruckausgabe der beiden Bände erschien,
wahrscheinlich 1886, bei dem Verlagsnachfolger Wilhelm Hansen
unter dem Titel 'Romancer og Sange'. Diese Ausgabe trägt die
Verlagsnummer 1 a-b. - Auch von dieser Ausgabe wurden Separatabdrucke herausgegeben.

Inhalt

Bd. I:

S. 1	Sang af Syngestykket Fjeldeventyret	Nr. 164	
	Sole gaar bak Aasen ne	H A Bjerregaard	
	Solen gaar bag Aasen ned		
S. 2	Kjærligheds Sorg	op. 23,2	
	Hvor i lyse Bøgekroner		
	Trauer der Liebe	J G Jacobi	
	Wo die Taub' in stillen Buchen		
S. 4	Kjærlighedsvise	op. 23,12	
	Kunde jeg som en Fugl		
	Liebesliedchen	Nänny	
	Wär ich ein Vögelein		
S. 5	Savnet	op. 23,4	
	Hvi kan jeg med de Andre		
	Sehnen	T Wellentreter	
	Was ist's, dass mit den Andern		
S. 8	Fundet!	op. 23,5	
	Al min Sorg er nu forsvundet		
	Finden	T Wellentreter	
	Ach, ihr himmlisch-schönen Stunden		
S. 12	Rosen	op. 23,3	
	Rose rød! du er sød		
	Das Mädchen bei der Rose	J H Voss	
	Anzusehn bist du schön		
S. 13	Længsel	op. 23,9	
	Kjender Du vel den skjønne Ø		
	Sehnsucht	F G Wetzel	
	Kennt ihr das schöne Eiland weit		

12⁺

180

182

S. 82 Sang af Høeg Guldberg   Nr. 160
       Rank staar, med Hjelmen i det Høje   F Höegh-Guldberg
       Lied
       Stolz hebt der Eichenbaum die Krone   M.
S. 84 Sang fra det Fjerne   Nr. 158
       Naar Aftnens sidste Straale blinker   Ingemann
       Lied aus der Ferne
       Wenn in des Abends letztem Scheine   Fr v Mathisson
S. 86 Oldingens Advarsel   Nr. 158
       Olding dig et Sagn fortæller
       Des Greises Warnung
       Hol' dir guten Rath beim Greise

Nr. 233: STUDENTERSANGFORENINGEN. - KOMMERSBUCH.

Erstausgabe: Flerstemmige Sange for Mandsstemmer udgivne af
Studentersangforeningen i Kjøbenhavn. 1873. Kjøbenhavn, Horneman & Erslev (S. A. E. Hagen). 4 Bl., 468 S. Quer-8vo.

Note: Früh schätzten die singenden Mitglieder des Studentenvereins
Kopenhagen Kuhlau's Männergesänge. Im Jahre 1828 wurde er Ehren-
mitglied, und im ersten Gesangbuch des Vereins (1833) findet man
'Lustigen Saitenklang', op. 82 Nr. 2 in Partitur gedruckt. Die aka-
demische Sängerschaft wurde 1839 gegründet. - Kuhlaus Männerchöre
sind zu deutschen Texten komponiert, und sie waren nur in Stimmen
herausgegeben. Endlich 1873 erschien das erste Gesangbuch des Stu-
denten-Gesangsvereins. Hier ist Kuhlau mit 15 Gesängen vertreten,
die mit neuen dänischen Worten vorliegen. Einige sind Übersetzungen,
andere sind direkt zu Kuhlaus Musik gedichtet. Mit dieser Ausgabe
gewannen die Chöre merkbar an Verbreitung.
- Cf. Thrane S. 42 ff (dänisch S. 122 ff)
Die Kuhlau-Kompositionen im Chorbuch sind:
Nr. 105: Skyen   op. 82,9
         Skyer fordunkle os ofte
-    106: Livsglæde   op. 82,2
         Trætter dig Livets Strøm   Chr. Winther
-    107: Majsang   op. 67,1
         O, den skjønne, skjønne Maj
-    108: Ungdomsmod   op. 82,6
         Kjækt i Verden drager
-    109: Aarle Morgen   op. 82,8
         Solen langsomt stiger
-    110: I Skoven   op. 82,4
         I Skoven gaar Livet andante   C. Ploug
-    111: Aftenen   op. 82,3
         Nys skygged over Mark og Lund
-    112: Serenade   op. 67,5
         Roligt slumre du, min Skat
-    113: Amor   op. 89,5
         Kjender du, min smukke Pige   Chr. Brodersen
-    114: Elskovsguden   op. 67,4
         O blandt alle Alfer milde
-    115: Selinde   op. 89,1
         Skjøn er Selinde

186

Die dänischen Buchstaben æ (= ä) und ø (= ö) stehen am Ende
des Alphabets und sind also nach z zu suchen.
+ kennzeichnet die Übersetzungen, die in der Sammelausgabe
'Romancer og Sange' (Nr. 232) vorkommen, bezw. die neuen
Texte zu Männerchören in der Chorsammlung Nr. 233 q. v.

S A C H -   U N D   S T I C H W O R T

R E G I S T E R

Die Hinweise gelten den Werknummern.
Titel der Instrumentalwerke sind in
der systematischen Übersicht zu suchen.

P E R S O N E N - R E G I S T E R

Die Zahlen verweisen auf die Werknummern

198

--

Das Register verzeichnet nicht Verlegernamen
und auch nicht Namen aus der abschliessenden Literatur-Liste

L I T E R A T U R - L I S T E

A : Über Kuhlau

Behrend, W.: Fr. Kuhlau. In: Panum, H. & W. Behrend: Illustreret Musikhistorie. 2 Bde. Kph. 1905. - Bd. II S. 957-966

Beimfohr, Jörn-L.: Das C-Dur-Klavierkonzert opus 7 und die Klaviersonaten
von Friedrich Kuhlau. 2 Bde. Hamburg 1971.

Bricka, G. St.: Fr. Kuhlau. Im Klavierauszug von "William Shakspeare", op.
74, Kph. 1873

Bro-Rasmussen, H.: Musikken til festspillet Elverhøj. Egtved 1969

Bruun, Kai Aage: Dansk musiks historie. Komponister og værker. 2 Bde. Kph.
1969.

-- Tre Komponister. Jos. Haydn, D. Fr. Kuhlau, Carl Nielsen. Kph. 1933

Brøndsted, P. O.: Til Friedrich Daniel Rudolph Kuhlaus Ihukommelse. Nogle
Ord, fremsagte i et musikalsk Selskab den 16de Maj 1835. Kph. 1835.

Erslev, Anna: Dansk Tonekunst. 3. Udg. Kph. 1820. S. 118-143

Fog-Olsen, Dan: D. FR. R. Kuhlau. Ein Werkverzeichnis. Katalog Nr. 62.
Kph. Neujahr 1959

Graupner, Karl: Friedrich Kuhlau. Dissertation. Remscheid, 1930.

Heiberg, J. L.: Fortegnelse over de i Elverhøi anvendte Melodier. In:
Poetiske Skrifter, Kbh. 1848, Bd. 3, S. 405-407. (Cf. Opus 100)

Jacobsen, E. & Vagn Kappel: Musikkens Mestre (II) Danske Komponister. Kbh.
1947. S. 116-135

Jensen, Niels Martin: Den danske Romance 1800-1850 og dens musikalske
forudsætninger. Mit einer Zusammenfassung. Kbh. 1964. S. 101-108.
S. 223-230: Verzeichnis der einstimmigen Lieder Kuhlaus

Kappel, Vagn: Kuhlau - von Dänemark aus gesehen. In: Heimatkalender für
Stadt und Kreis Uelzen, 1963.

Kipphan, Rolf: Friedrich Kuhlau, ein Musiker aus Uelzen. In: Heimatkalender für Stadt und Kreis Uelzen, 1959

Landau, Anneliese: Nachtrag zu Fr. Kuhlaus 100. Todestag. In: Zeitschrift
für Musikwissenschaft, Jhg. 14, 1931-32, S. 322

Liefke, Hans J.: Untersuchungen zu den Flötensonaten und -Variationen
Fr. Kuhlaus. Budenheim 1973. (Ungedruckt)

Panum, Hort.: Fr. Kuhlau. In: Danske Stormænd. Kph. 1912. S. 381-382

Piper, Kurt: Ein Fund in der Matrikel des Christianeums. In: 'Christianeum', Jhg. 21, Heft 3. Hamburg 1965

Rockstro, R. S.: A Treatise on the Construction, the History and the
Practice of the Flute. London 1928.

Siemers, K.: Sonatinen-Kuhlau. Die Lebensgeschichte des deutschen Schöp-
fers der dänischen National-Oper. In: Zeitschrift für Musik, Jhg. 100,
Regensburg 1933, S. 345-348

Thrane, Carl: Danske Komponister. Fire Skildringer. Kph. 1875. S. 71-192
Kuhlau-Biographie, S. 271-282 Werkverzeichnis.

-- Friedrich Kuhlau. Lpz. 1886. - Deutsche Übersetzung aus obigem.

'Musikbladet' (Red. H. V. Schytte). Jhg. 3, Nr. 18. Den 11te September
1886. (Sondernummer) 'Fr. D. R. Kuhlau, født d. 11. September 1786'

'Nordisk Musik-Tidende' Jhg. 7, Christiania 1886. S. 129-132, 145-148.

'Tidsskrift for Kirke- Skole- og Folkesang' Jhg. 4, Nr. 45, Kph. September 1883.

200

B : Lexikalisches

Aschehougs Musikleksikon (Red. Povl Hamburger) Bd. 2, Kph. 1958.
   Lunn, Sven: Kuhlau
Bernsdorf, Ed.: Neues Universal-Lexikon der Tonkunst. Bd. 2. Dresden 1857.
   S. 678-679
Fétis, F.J.: Biographie Universelle des Musiciens et Bibliographie géné-
   rale de la Musique. Tome 5e. Paris 1875. p. 128-129
Gurvin, O. & Ø. Anker: Musikkleksikon. Oslo 1949. Sp. 610
Grove's Dictionary of Music and Musicians. 4th ed. Vol. III, p. 63.
   London 1948
Höijer, J.L.: Musik-Lexikon. Stockholm 1864. S. 237
Mendel-Reissmann: Musikalisches Conversations-Lexikon. 2. Ausgabe, Bd. 6.
   Berlin 1880, S. 185
-- -- Ergänzungsband. Berlin 1883, S. 200
Mirkin, M. Ju.: Kratkij biografitseskij slovar zarubechnich kompositorov.
   Moskva 1969. S. 106
Musikkens Hvem Hvad Hvor. Politikens Musikleksikon. Kph. 1961. Bd.I,S.375
Norlind, Tobias: Allmänt Musiklexikon. 2a upplagan. Stockholm 1927.
   Bd. I, S. 650-651
Schilling, Gustav: Encyclopädie der gesammten musikalischen Wissenschaf-
   ten, oder Universal-Lexicon der Tonkunst. 2. Ausg. Bd. 4. Stuttgart
   1840. S. 252-254
Riemann, Hugo: Musik-Lexikon.
Schuberth, Jul.: Kleines musikalisches Conversations-Lexikon. Leipzig
   1873. S. 208
Schytte, H. V.: Nordisk Musik-Lexikon. Bd. I, Kbh. 1888, S. 433-435.
-- -- Bd. 3: Supplement, Kph. (1906) S. 102-103
Sohlmans Musiklexikon. Bd. 3, Stockholm 1951. Sp. 420-422:
   Winkel, Erling: Kuhlau

Dansk biografisk Lexikon, ed. C. F. Bricka. Bd. 9, Kph. 1895, S. 590-599:
   Bricka, G. St.: Kuhlau
Dansk biografisk Leksikon, ed. P. Engelstoft & Svend Dahl. Bd. 13, Kph.
   1938, S. 442-452: Bruun, Kai Aage: Kuhlau
Dansk biografisk Haandleksikon, ed. Svend Dahl & P. Engelstoft. Bd. 2,
   Kph. 1923, S. 413-414: Abrahamsen, Erik: Kuhlau
Allgemeine deutsche Biographie. Bd. 17, Leipzig 1883, S. 32o-321:
   Fürstenau,(M.?): Kuhlau

Erslew, Th.H.: Almindeligt Forfatter-Lexicon for Kongeriget Danmark med
   tilhørende Bilande fra 1814 til 1840. Bd. 2, Kph. 1847, S. 83
-- -- Supplement til ... indtil Udgangen af Aaret 1853. Bd. 2, Kph. 1864.
Nyerup, R. & J. E. Kraft: Almindeligt Litteraturlexicon for Danmark ...
   Kph. 1820.

Almennyttigt Dansk Konversations-Lexikon. Bd. 5, Kph. 1853, Sp. 1840-41
Nordisk Conversations-Lexicon. Bd. 4, Kph. 1861.
   [Heise, Peter]: Kuhlau
-- 2. Udgave. Bd. 4, Kph. 1875. S. 155-56: [Erslev, Emil]: Kuhlau
-- 3. Udgave. Bd. 4, Kph. 1887. S. 462-63: Kuhlau
Meyers Lexicon. Das grosse Conversations-Lexicon für die gebildeten Stän-
   de. Bd. 19, Erste Abth., Hildburghausen 1852. S. 393: Kuhlau

C : B i b l i o g r a p h i s c h e s

/histling, C. F.: Handbuch der musikalischen Literatur. Leipzig 1817 ff
Hofmeister, Fr.: Handbuch der musikalischen Literatur. Leipzig 1834 ff
Verlagskataloge: J. A. Böhme, Breitkopf & Härtel, Aug. Cranz, A. Farrenc,
    Fr. Hofmeister, C. F. Peters, H. A. Probst/F. Kistner, L. Rudolphus,
    B. Schotts Söhne, Schuberth, Simrock, Spehr, G. Vollmer
Dansk Boghandler-Tidende, Kph. 1854 ff (mit Verzeichnis der erschienenen
    Musikalien, von O. H. Delbanco redigiert)
Dänische Musikverlage:
Hansen, Wilhelm. Musikverlags-Katalog 1876 und später
Horneman & Erslev. Musikverlagskatalog 1852 ff. Kataloge der musikalischen
    Leihbibliothek 1846 und später
C. C. Lose (später Lose & Olsen, Lose & Delbanco) Musikverlagskatalog
    1803 und später. Kataloge der musikalischen Leihbibliothek 1818 ff.
Milde, C. D. Katalog der musikalischen Leihbibliothek 1823 und später.
    - Der Hauptkatalog 1829 umfasst 13160 Nummern.
Plenge, C. Katalog der musikalischen Leihbibliothek 1850 und später.
Richter & Bechmann. Katalog der musikalischen Leihbibliothek 1817
Samfundet til Udgivelse af dansk Musik (Gesellschaft zur Herausgabe dä-
    nischer Musik). Catalogue. Kph. 1971. Katalog der seit der Gründung
    1871 herausgegebenen Werke

Challier, Ernst: Verlags-Nachweis im Musikalienhandel. Giessen 1908,
    Nachtrag I-II 1911-1913
Delbanco, O.H.: Festskrift i Anledning af Boghandlerforeningens Halvhund-
    redaarsdag. Kph. 1887
Deutsch, O.E.: Musikverlags-Nummern. Berlin 1961
Fog, Dan: Dänische Musikverlage und Notendruckereien. Kph. 1972
Hofmeister. - Tradition und Gegenwart. Festschrift zum 150jährigen Be-
    stehen des Musikverlages Fr. Hofmeister. Leipzig 1957.
Klein, Rud.: Adressebog for den danske, norske og svenske Boghandel og de
    i Forbindelse med denne staaende Handelsgrene. 1859 und später

Altmann, Wilh.: Kammermusik-Literatur. 3. Aufl. Leipzig 1923.
-- Orchester-Literatur-Katalog. 2 Bde. Leipzig 1926-1936
Behrend, C. (ed.) Katalog over Det kongelige Biblioteks Haandskrifter
    vedrørende dansk Personalhistorie. 2 Bde. Kph. 1925-27
Chapman, F.B.: Flute Technique. London 1936
Davidsson, Åke: Bibliografi över svensk musiklitteratur 1800-1945. Upp-
    sala 1948
Erichsen, Jørgen Poul: Indeks til danske periodiske Musikpublikationer
    1795-1841. Aarhus 1975
Hortschansky, Kl.: Katalog der Kieler Musiksammlungen. Kassel 1963
Musikforeningens Musikalie-Samling [Katalog] Kph. Januar 1857.
-- Første Supplement. Januar 1865
Prill, Emil: Führer durch die Flöten-Literatur. Leipzig (1898).
-- Ergänzungsband zum Führer ... Leipzig 1912
Ruthardt, Ad.: Wegweiser durch die Klavier-Literatur. 9. Aufl. Lpz. 1918
Statsbiblioteket i Aarhus. Fagkataloger 3: Musikalier. II: Dansk Musik.
    2 Bde. Aarhus 1929-1932
Tittmann, A.: Führer durch die Violin-Literatur. 4. Aufl. Lpz. 1935
Vester, Frans: Flute Repertoire Catalogue. London 1967

D : Einschlägige Literatur

Abrahams, N C L: Meddelelser af mit Liv. Kbh. 1876

Adler, Guido (ed.): Handbuch der Musikgeschichte. 2. Aufl. Berlin 1930

Atlung, Knud: Det kongelige Teater 1889-1939. Kbh. 1942. - Eine Fortsetzung von folgendem Werk:

Aumont, A & E. Collin: Det danske Nationaltheater 1748-1889. En statistisk Fremstilling. 2 Bde. Kbh. 1896-1899

Barfod, Fr.: Fortællinger af Fædrelandets Historie. 4. Udg. 2 Bd. Kbh. 1872-1874

Bay, Rud.: Musikalsk Reise 1842-43. Kbh. 1921. (Memoirer og Breve XXXIV)

Behrend, W.: Weyse und Kuhlau. Studie zur Geschichte der dänischen Musik. In: "Die Musik", 3. Jhg. Heft 22. Berlin 1904, S. 272-286

Benestad, Finn: Waldemar Thrane. Oslo 1961

Berggreen, A P: C E F Weyse's Biographie. Kbh. 1876

-- Folke-Sange og Melodier, fædrelandske og fremmede. 2.-3. Udg. 11 Bde. Kbh. 1861-1871

Boye, C. J: Udvalgte og samlede poetiske Skrifter. 4 Bd. Kbh. 1850-51

Breithaupt, Rud. M: Die natürliche Klaviertechnik. 4. Aufl. Lpz. 1921

Bøgh, Nic.: Christian Winther. Et Livsbillede. 3 Bd. Kbh. 1893-1901

Clausen, Karl: Dansk Folkesang gennem 150 Aar. Kbh. 1958

Dahlgren, F A: Förteckning öfver svenska skådespel uppförda på Stockholms Theatrar 1737-1863 ... Stockholm 1866

Dal, Erik: Peter Grønland, 1761-1825. En holstensk Musikdyrker i København. I: 'Fund og Forskning' VII, Kbh.1960

-- Nordisk folkeviseforskning siden 1800. Kbh. 1956

Detlefsen, H P: Musikgeschichte der Stadt Flensburg bis zum Jahre 1850. Kassel 1961

Eliæson, Åke & G. Percy: Goethe in der nordischen Musik. Stockholm 1959

Fog, Dan: The Royal Danish Ballet 1760-1958 and Aug. Bournonville. A Chronological Catalogue. Copenhagen 1961

Friedrich, Jul.: Claus Schall als dramatischer Komponist. Wanne-Eickel 1930 (Dissertation)

Friis, Niels: Det kongelige Kapel. Kbh. 1948

Gamle Selskabssange og Klubviser (ed. Jens Sølvsten) Kbh. 1951

Grinde, Nils: Norsk musikkhistorie. Oslo 1971

Hahne, Gerh.: Die Bachtradition in Schleswig-Holstein und Dänemark. Kassel 1954

Hammerich, Angul: Dansk Musikhistorie indtil ca. 1700. Kbh. 1921

-- J P E Hartmann. Biografiske Essays tillige med en Studie over Melodien til 'Kong Christian stod ved højen Mast'. Kbh. 1916

Hansen, P: Den danske Skueplads. Illustreret Theaterhistorie. 3 Bd. Kbh. (1889-96)

-- En Episode af den Baggesenske Feide. I: Folkekalender for Danmark 16. Aarg. Kbh. 1867

Heiberg, J L: Udkast. Skizze til Elverhøi. I: 'Prosaiske Skrifter' Bd. 11 Kbh. 1862

-- Fra J L Heibergs Ungdom. Kbh. 1922. (Memoirer og Breve XXXVII)

-- Heibergske Familiebreve. Udg. af Morten Borup. Kbh. 1943

Horton, John: Scandinavian Music. A Short History. London 1963

Hummel, Walter: W A Mozarts Söhne. Kassel 1956

Jeanson, G & Jul. Rabe: Musikken gennem Tiderne. Kbh. 1947

Jähns, Fr. W: Carl Maria von Weber in seinen Werken. Chronologisch-thematisches Verzeichnis. Berlin 1871

Kinsky, G. & H. Halm: Das Werk Beethovens. München-Duisburg 1955
Kjerulf, Ch: Niels W. Gade. Kbh. 1917
Köchel, L: Chronologisch-thematisches Verzeichnis sämtlicher Tonwerke
    Wolfgang Amadeus Mozarts. 6. Aufl. Wiesbaden 1964
Kgl. Danske Musikkonservatorium, Det, 1867-1967. Kbh. 1967
Krak (ed.) Minderige Huse. Kendte Mænds og Kvinders Boliger uddraget af
    Kjøbenhavns Vejvisere 1770-1870. Kbh. o.J. (1922)
Krogh, Torben: Heibergs Vaudeviller. Kbh. 1962
-- Zur Geschichte des dänischen Singspiels im 18. Jahrhundert. Kph.1924
Langballe, Carl: Folkesangen i Danmark. Pejrup 1944
Liebenberg, F.L: Bidrag til den oehlenschlägerske Literaturs Historie.
    2 Bde. Kbh. 1868
Lund, H C A: Studenterforeningens Historie 1820-70. 2 Bd. Kbh. 1896-98
Lunn, Sven: Det kgl. Biblioteks danske Musikautografer. Kbh. 1941
-- Opbygningen af Det kgl. Biblioteks Musiksamling. Kbh. 1946
-- (ed) La Vie musicale au Danemark. Copenhague 1962
-- Ældre danske Nodetryk. I: "Jeg er Samler", I, Kbh. 1955
Lynge, Gerh.: Danske Komponister i det 20. Aarhundredes Begyndelse.
    Aarhus 1917
Niemann, Walter: Die Musik Skandinaviens. Leipzig 1906
Overskou, Th. Den danske Skueplads i dens Historie. 7 Bd. Kbh. 1854-76
-- Haandbog ... de kongelige Theatres Repertoire, Forfattere, Oversættere
    og Komponister, 1748-1880. 4. Udg. ved E Collin. Kbh. 1880
Panum, Hortense: Musiken og Musiklivet i Danmark før Anno 1800. Kbh. 1904
Plesner, K F: Baggesen-Bibliografi. Kbh. 1943
Ravn, V C: Koncerter og musikalske Selskaber i ældre Tid. Kbh. 1886
    (Musikforeningens Festskrift Bd. I)
Reimer, Emil: Sophus A E Hagen. Komponist og Musikhistoriker, 1842-1927.
    Kbh. 1927
Ronde, H W de: Overzicht der Muziekgeschiedenis. Amsterdam 1931
Samfundet til Udgivelse af dansk Musik [Festskrift] Kbh. 1971. - Fest-
    schrift zum 100jährigen Bestehen der Gesellschaft zur Herausgabe dä-
    nischer Musik
Riess, Otto: Joh. Abr. Peter Schulz' Leben. In: Sammelbände der IMG,
    Jahrg. 15 Heft 2. Leipzig 1914
Selskabet for Historie, Literatur og Kunst. Visebog. Fredensborg 1906
Seyfried, I. von: Ludwig van Beethoven's Studien im Generalbasse, Contra-
    puncte und in der Compositions-Lehre, hrsg. Wien 1832
Sittard, Jos.: Geschichte des Musik und Concertwesens in Hamburg. Altona--
    Leipzig 1890 (Reprint 1971)
Studenter-Sangforeningen gennem 100 Aar. (Red: Carl Bratli) Kbh. 1939
Sørensen, Axel: Studenter-Sangforeningen 1839-1889. Kbh. 1889
Thiele, J M: Af mit Livs Aarbøger, 1795-1826. Kbh. 1873
Thrane, Carl: Fra Hofviolonernes Tid. Skildringer af Det kongelige Kapels
    Historie 1648-1848, væsentlig efter utrykte Kilder. Kbh. 1908
-- Fra Klavikordiets Tid. Et Foredrag. Kbh. 1898
Towers, John (ed.) Dictionary-Catalogue of Operas and Operettas. New York
    1967
Wellejus, Th.: End er der Sang i Skoven. Vore danske Tonekunstnere. 1941
Weyse, C E F. Breve. Udg. af Sven Lunn og Erik Reitzel-Nielsen. 2 Bd.
    Kbh. 1964
Winkel, Erling: Nodemanuskripterne paa Statsbiblioteket i Aarhus. Kbh.1945
Ørbæk, W: Hans Wilh. Warnstedt. Kbh. 1936